문 門

문(門)

1판 1쇄 발행 2025년 7월 10일

지은이 김영수
발행인 이선우
펴낸곳 도서출판 선우미디어
등록 | 1997. 8. 7 제305-2014-000020
02643 서울시 동대문구 장한로 12길 40, 101동 203호
☎ 2272-3351, 3352 팩스: 2272-5540
sunwoome@hanmail.net

값 15,000원

ISBN 978-89-5658-797-4 03810

문

김영수 수필집

선우미디어

작가의 말

봄이다. 몇 번째 맞는 봄인가. 마음의 봄은 온 줄도 모르게 가볍게 왔다가, 떠난 줄도 모르게 가볍게 간다. 이 봄, 속절없이 흩어지는 시간을 언어로 붙들고 싶어 펜이 다녀간 흔적을 모아 또 한 번 수필집이라는 종이에 새겨 담는다. 민들레 홀씨처럼 훨훨 날아 어딘가에 정착할 것이다. 이제 내가 할 수 있는 일은, 좋은 흙 만나 볕 좋은 곳에 뿌리내리고 나름의 생을 의연히 살아낼 수 있기를 기원하는 일뿐인가.

방안에는 이미 들어온 봄빛 가득하고 밖에서는 유리창을 두드리며 창문을 열라고 아우성이다. 창을 열어 바람을 들인다. 나의 내면에 잠든 씨앗들을 깨우는 빛이요 바람이다. 낯선 나를 만날 때마다 진정한 나를 찾는다고 잠 못 이룰 때 내 주위를 서성인 것도 그들이고, 실은 그 모두가 나의 전부 혹은 일부였다는 깨달음을 안겨준 것도 그들이다. 이번 수필집에 실린 50여 편의 글에서 내가 다양한 목소리로 나 자신의 이야기를 풀어놓도록 격려하고 위무한 존재들이다.

내가 글을 사랑하는 만큼 글이 나를 사랑하는지 모르겠지만, 나의 사랑에는 변함이 없다. 글을 쓰는 일 말고는 그 사랑을 온전히 지키는 방법을 나는 알지 못한다. 글을 왜 쓰는가? 매일 묻는다. 그리고 또 쓴다. 내일도 쓸 것인가? 모르겠다. 하지만 오늘은 쓴다. 어쩌면 내가 글을 사랑한다기보다는 내 삶이 글을 필요로 하는지도 모르겠다. 아주 절실하게. 내가 글에 빚진 것이 많은 만큼, 글을 쓰면서 얻은 것들을 내 글을 읽는 독자들과 조금이라도 나눌 수 있으면 좋겠다. 나 홀로 있을 때조차 혼자가 아니고, 나와 인연이 있는 모든 사람과 사물과의 관계로 살아가고 있다는 점을 잊지 말아야겠다. 가까이 있는 가족과 친구들과 선우미디어에 감사하는 마음으로 맞는 봄날이 다사롭다.

2025년 봄날

Ajax에서 김영수

차례

작가의 말 · 4

chapter 1. **저항하는 꿈 앞에서**

chapter 2. **낙타가 울었다**

chapter 3. **저무는 날의 위로**

chapter 4. **등이 기억하는 온도로**

chapter 5. **오후 4시 30분**

chapter 6. **당신은 누구시길래**

c h a p t e r — 1

저항하는 꿈 앞에서

나의 벗, 연필과 함께

사각사각, 오늘 나는 연필을 깎는다. 먹을 갈 때처럼, 글쓰기 전에 마음을 가다듬고 연필과 교감하며 일체가 되는 시간이다. 연필은 날렵해진 몸으로 백지 위를 활보하며 발걸음마다 의미 있는 족적을 남길 것이다. 첫 문장만 시작하면 그다음은 잘 풀릴 거라고 다독이며 숨을 깊이 들이쉬고 내쉰다. '나는'이라고 썼다가 지운다. 마음이 급할수록 글자는 문장으로 나아가지 못한다.

연필 깎는 소리에 옛 기억이 묻어나왔다. 묵향 그윽한 서실에는 소리 없는 움직임만 그득했다. 서예 선생님은 붓을 잡기 전에 먹을 가는 시간을 통해 마음을 다스리는 거라고 했다. 학생들은 평온함에 이르도록 깊은 호흡으로 먹을 갈며 몸의 고요와 마음 고요가 하나가 될 때를 기다려야 했다. 긴장해서도 안 되겠지만 해이해지는 것도 금물이었다. 글에서도 삶에서도 선을 지켜 중도를 유지한다는 건 예나 지금이나 넘기 어려운 산이었다.

막혔던 첫 문장이 마침내 빗장을 푼다. '한 여자'의 이야기를 수필이라는 그릇에 담게 되리라. 글은 중반부로 이어지고 두루뭉술한 연필심은 제 몸이 닳은 줄도 모르고 순박한 웃음을 띠며 올려다본다. 갓 깎은 심으로 호리호리하던 글자들은 저만치 윗부분으로 밀려 올라간 지 오래고, 연필심이 점점 닳으면서 중후한 글자 세상으로 판이 바뀐다. 나의 호흡도 덩달아 묵직해지는 느낌이다.

젊었을 때는 뭉툭함이나 뭉근함이라는 단어와는 거리가 멀었다. 벼린 칼처럼, 갓 깎은 연필심처럼 예리한 감각으로 세상을 바라보았고 내 몸을 관통하는 시간을 한 치 어긋남 없이 재바르고 올바르게 보내야 마음이 놓였다. 세월은 내 삶을 순하게 보듬어 안기도 하고 때로 격렬하게 내치기도 하며 지나갔고, 석양에 물들 무렵 헐렁해진 노년기를 맞았다. 그때의 숨차던 시절을 떠올리며, 뭉근하고 허술한 노년을 어떻게 이처럼 태연스럽게 받아들일 수 있는지 의심한다. 이제 느리고 깊은숨을 쉬며 살고 있으니, 과거나 미래 시제에서 진정 자유로울 수 있는지. 노년에 이르러도 배울 것투성이라는 것을 확인할 따름이다.

아득히 깊은 곳에 잠재하는 기억에 가 닿아, 잃어버린 시간을 만나고 거기에 새로운 가치와 의미를 부여하고 싶어 글쓰기를 계속하는지도 모른다. 자라지 못한 채 웅크리고 있는 시간들을 어쩌면 불러낼 수 있을 것 같아서, 그 카이로스의 시간에서 문학이 가능할지도 모른다는 기대를 버리지 못해서이리라. 성찰하고 통찰하는 시간이 절실한 것은 무엇을 원하거나 바꾸고 싶어서가 아니라, 은신하던 시간들을 그저 어루만지고 쓰다듬으며 빛이 있는 곳으로 데리고 나와야 기억 속의 이야기를 이해할 수 있을 것 같아서다.

어떤 삶을 살았든 한 사람이 걸어온 인생의 뒤안길에는 나름의 서정과 서사가 들어 있다. 함께 겪지 못한 타인으로서는 이해할 수 없는, 못다 한 자기만의 이야기가 있다는 얘기다. 그것을 펜의 힘으로 풀어내는 게 글쓰기이고 수필 쓰기다. 다 들려줄 수는 없어도, 전부를 이해받지는 못해도, 그런 삶도 있었노라고 표출하는 것만으로도 위로받고 누군가를 위로할 수 있는 글쓰기. 연필이 숨을 헐떡이며 이야기를 받아 적는다. 연필은 이제, 내 생각의 속도를 따라잡지 못한다. 생각이 탄력을 받아 자유롭게 날아다니는 지금 이 순간이 찰나에 지나가는 열락인 줄 모르랴마는, 영원히 취해 있고 싶을 만큼 단맛이다.

연필심이 거의 다 닳았지만 지금은 쉴 때가 아니다. 한번 멈추면 글의 맥이 끊기고 글 기운도 다할 것이다. 글은 막바지에 이르렀고 연필 쥔 손에서는 쥐가 나는 것만 같다. 앞으로 수십 번의 퇴고를 거치겠지만, 흙 속의 원뿌리를 소중히 여겨야 땅 위의 큰 줄기를 살릴 수 있는 것처럼 글쓰기도 마찬가지다. 튼실한 결실을 맺으려면 어둠 속에서 뿌리를 강건하게 만드는 인고의 시간이 필요하듯이, 좋은 글 한 편이 빛을 보기 위해서는 천부적인 재능이 없는 한 보이지 않는 수많은 시간의 연마 과정이 밑받침되어야 하리라.

드디어 글은 결미 부분에 이른다. 진정으로 말하고 싶던 속내를 마침내 드러내는 단락이다. 연필도 나도 숨을 고르며 속도를 늦춘다. 날아가던 생각을 불러 앉혀야겠다. 밥물이 끓어 넘치기 전에 뜸을 들여야 하듯이, 차분한 심리적 여유가 필요한 시간이다. 연필과 나는 눈빛을 교환하며 의미심장한 웃음을 짓는다. 그도 나도 쉬어가자는 데 동의한다. 쉼표의 시간, 칼과 내가 하나가 되어 연필을 깎는 시간이다. 오른손에 들린 칼등을 밀어 내리는 왼손 엄지와 연필을 감싼 나머지 손가락들이 긴밀하게 협조해야 잘 깎을 수 있다. 생각을 멈추고 연필 끝에 시선을 고정하며 집중한다. 몰입이 주는 간지러운 희열에 잠시 젖고 싶다. 깊고 고른 숨소리와 사각거리는 소리만 방 안 가득하다.

무슨 나무로 만들었을까. 연필심을 둘러싼 나무 끝을 얇게 깎아낼 때마다 은은한 나무 향이 스며 나오고, 오래전에 몸에 배었던 그윽한 묵향도 먼 길 돌아와 코끝에 맴돈다. 연필과 먹은, 글 쓰는 마음을 다스린다는 서로 같은 목적으로 세상에 존재하는지도 모른다. 묵묵히 내 몸의 일부가 되어준 연필에 경애를 표하며 마지막 문장에 마침표를 찍는다.

시계의 숨소리가 들려

시계를 그린 화가가 있다. 화가의 놀라운 상상력과 창의력이 시계라는 세상을 조용히 흔들고 있다. 정물화도 풍경화도 아닌 추상화, 아니면 그 세 가지를 합해 놓은 그림 같기도 하다. 살바도르 달리의 녹아내리는 시계 그림 〈기억의 지속〉을 보고 있다. 축 늘어져서 나뭇가지와 사물 위에 걸쳐 있는 구불구불한 타원형 시계는 섬뜩한 부드러움이다. 현실을 벗어난 그림 속의 황량하고 권태로운 시간마저 녹아내리게 하는 그 힘이 무엇인지 모르겠지만, 느낄 수는 있다.

그림이라는 공간에 갇혀 있는 시계를 구불거리게 만든 것은 무엇일까. 이미지 자체일까. 어떤 형태로든 삶은 계속되듯이 시간의 흐름 또한 영속적이다. 의식의 시간은 직선이 아닌 곡선으로 흐른다. 그림 속 시계들은 각자의 다른 시간을 살고 있다. 이미 시계로서의 의미를 잃은 기이한 이미지 안에, 축적된 삶의 기억이 일부는 편집되고 일부는 망각 된 채로 존재한다. 감상해야 할 그림이 아니라 풀어야 할 수수께끼 같다. 정지된 시간을 은유하는 시곗바늘에서 나는 어찌 흐릿한 숨소리와 심장 뛰는 소리를 듣는 것일까.

그의 그림은 지워버리고 싶던 정지된 채 지나간 내 시간을 들춰내려는 듯했다. 제대로 몸을 가누지 못하고 무기력하게 누워 지내던 시간, 흐늘거리며 무너진 내 몸과 나를 옭아맸던 시간의 원형이 그대로 그림에 재현되고 있었다. 시곗바늘이 겨우 움직이다가 그것도 숨이 차서 주저앉아 숨을 고르고, 어쩌면 더는 가지 못하고 그대로 영영 멈출 수도 있다는 불안감에 시달리던 시간이 눌어붙은 형상 같아 보였다. 아마 내게만 그렇게 보였을 것이다.

담당 의사는 나에게 수술해야 한다고 말했다. 그렇구나… 하며 나는 그저 멍하니 앉아 있었고 다행히도 의사는 20초쯤 되었을 그 영겁 같던 시간을 말없이 기다려주었다. 다른 대안은 없어 보였다. 간단한 수술이라고 설명하는 그의 눈빛 너머의 의미를 읽을 용기도 없었지만, 선택할 여지가 없다는 게 차라리 위안이 되었다. 막상 수술하는 날은 담담한 심정이었어도 그것이 치료의 끝이 아니고 시작이라는 걸 알았을 때는 내 삶 전체가 기우뚱하는 느낌이었다. 그 후로 이어진 중력을 잃은 듯 부유하는 시간은 참으로 더디게 내 생의 페이지를 채워갔다.

모든 것을 내버리고 도망치고 싶던 무렵, 녹아내리는 시계가 '기억의 지속'이라는 이름으로 다시 한번 내 의식을 비집고 들어왔다.

나는 타의에 의해 그림 속에 억류된 또 하나의 녹아내리는 시계였다. 내 옆에도 앞에도 뒤에도 나와 비슷한 움직이지 못하는 시계들이 즐비했다. 세상에 고장 난 시계가 그리 많다는 걸 방금 안 것처럼 나는 처음 보는 낯선 세상을 두리번거리며 몸을 떨었다. 그 세계에 던져지던 순간 나는 내 목소리를 잃었다. 재깍거리며 활기차게 행보하던 내 안의 초침 소리가 멎은 것이다. 나의 모든 기억은 거기에서 멈췄고 더는 지속하지 않았다. 〈기억의 지속〉이라는 그림 속에서 나의 삶은 '지속'이 아니라 내가 관계 맺고 있던 세계와 '단절'되었다는 것을 알아차려야 했다. 하지만 시간의 힘이란 묘한 것이어서 그 그림 속에 머무는 동안 내가 속해 있는 세상의 풍경을 내 방식으로 해석하는 언어를 익힐 수 있었다. 상흔이야 남겠지만 살아서 나오려면 그래야 했다. 외면하고 싶으면서도 마음을 당기는 내밀한 힘에 기대어 언젠가는 그림 밖으로 나가리라는 막연한 기대를 접지 않았다. 그리고 나는, 거기에서 나왔다.

내가 어떻게 그림 밖으로 나왔을까. 해파리처럼 흐느적거리며 기어 나올 때 그림 안팎의 경계에 있던 다른 시계들은 숨죽이고 나를 지켜보았다. 침묵이라는 불안한 희망이 먼지처럼 떠다니는 그곳에서 그들이 보여준 독특한 반응이었다. 내가 그 세계를 떠난다는 것, 그 이상을 그들은 알려고 들지 않았고 나도 알지 못했다. 그럴 필요도 없었다. 내가 그림 속의 공간을 벗어나면, 내 안의 시계가 재깍거리며 다시 규칙적인 숨을 쉬기 시작하리라는 것, 나는 그것을 희원하기에도 벅찼다.

모든 생명체는 자신만의 고유한 시간 속에서 살아간다. 물리적인 시간은 누구에게나 공평하지만, 심리적인 시간은 누구에게도 똑같이 흐르지 않는다. 구불거리는 곡선이기 때문이다. 심리의 시계와 주관의 시계는 각자에게 주어진 시간을 느리게 또는 빠르게, 부드럽게 또는 날카롭게 흐르도록 조정한다. 잃어버린 건강을 회복할 때 몸은 물론 정신의 허기와 갈증을 못 이겨 허덕거리던 시간이 나에게만 유난히 더디고 둔탁하게 느껴졌듯이. 앞으로 다가올 시간은 어지러우리만치 빨리 지나갈지도 모른다.

어두운 시간의 터널을 빠져나오자 비로소 내 심장 뛰는 소리가 들리기 시작한다. 똑딱거리는 숨소리를 토해낼 수 있다는 것만으로도 가슴 벅차다. 모든 소리와 움직임이 멎은 것 같던 정적에서 내가 정말 벗어났는지 확인하고 싶어 내가 없는 동안 달라졌을 주위를 둘러본다. 이제 세상을 전보다 조금 더 느긋하게 바라볼 수 있을까. 삶과 죽음의 경계를 오가는 어두운 세상에 던져져서 비록 가슴 쥐고 아파하던 시간이었어도, 아픔 끝에 얻은 것도 있으니 그러면 됐다고 스스로 위로한다. 세상의 모든 아픈 시간은 그러면서 지나가는 것이라고.

이제 괜찮다고.

파리목숨

별생각 없이 창밖을 내다보던 내 눈에 거뭇한 뭔가가 포착된다. 연신 자발스럽게 움직거리는 저것. 창문과 방충망 사이에서 햇빛을 등에 업고 겁에 질린 듯 두 손 비비며 애걸복걸하는 콩알만 한 저 검은 것은 파리가 틀림없지. 뭘 잘못했든 다른 곤충이 저리 손발을 비벼대는 것은 본 적이 없다. 윙윙거리는 날갯짓 소리가 창문 틈새를 뚫고 나올 만큼 애절하다.

어쩌다 갇혔는지 몰라도 꽤나 절박해 보인다. 비록 미물이라 해도 어떻게든 덫에서 탈출해야 한다는 본능적인 투지는 있으리라. 지쳤는지 지금은 창틀에 가만히 붙어 앉아 휴식 중이다. 창문과 방충망 사이의 공간은 제 몸집에 비하면 그리 협소하지는 않아도 폭이 좁으니 마음껏 날아다니기에는 제약을 받을 것이다. 저리 못 견뎌 하는 것이 어찌 날지 못한다는 그 이유 하나뿐일까.

갑자기 오른 열이 내리지 않아 응급실에 갔던 기억이 파리의 등

색깔처럼 파랗게 살아있다. 커튼 하나를 사이에 두고 여남은 환자가 누워있는 응급실은 없던 병도 생길 것 같은 분위기였다. 통증을 호소하는 신음과 간호사를 부르는 소리, 다급하게 뛰는 소리가 뒤섞여 한밤의 고요를 흩트렸고 주변의 소음에 막연한 공포가 밀려왔다. 백혈구 수치가 떨어지질 않아 입원한 건 응급실에 온 지 사흘 만이었다. 병원은 원초적인 불안과 두려움이 존재하는 공간이지만 입원실은 응급실보다는 덜할 것이다.

밤이다. 깜빡 잊고 있었는데 창틀에 붙어 있던 파리가 불현듯 생각난다. 파리는 어디에 있을까. 보이지 않는다. 파리가 있던 곳은 유리와 방충망으로 절망스럽게 막혀 있어 틈새라고는 없어 보이는데도, 낮이면 햇빛과 바람을 들여보내 빠져나갈 수 있다는 헛된 희망을 허락하는 공간이다. 내가 응급실에서 그랬듯이, 방충망 안에 갇힌 파리도 희망과 절망 사이에서 불안하여 갈피를 못 잡고 그리 버둥거린 게 아닌지. 동물은 위기의식을 느끼면 위기를 탈출할 방법을 찾거나 죽은 듯이 움직이지 않는다. 일단 모든 생각과 행동을 멈춘다. 잠시 멈춤. 깊은 호흡으로 몸을 이완하면 마음이 열리면서 얽힌 게 풀리기도 한다.

입원실에는 침대가 둘이고 창문은 하나였다. 내 침대는 창가 쪽이었고 문 쪽 침대는 여든이 넘은 듯한 환자가 사용했다. 노인은 허리가 아픈지 등이 아픈지 눕지 못하고 종일 침상 테이블에 엎드려 있다가 잘 때도 그 상태로 쪽잠을 잤다. 간호사가 정기적으로 진통제를 가져오는데도 노인은 약을 더 달라고 시도 때도 없이 간호사에게 인터폰을 했다. 밤새 이어지는 신음과 인터폰 소리에, 노인 몸에서 통증이 튀어나와 공간을 흔드는 것 같았다. 병실의 모든 것들이 뒤치락거리며 잠들지 못했고 밤은 길었다. 병실에서 시간은 인간의 본능적 두려움인 죽음이 얼마나 일상 가까이 있는지, 내가 바깥세상에서 불평하던 것들이 얼마나 나약한 응석이고 불필요한 사치인지 깨닫게 했다. 나는 괜찮아질 거라는 자기암시로 순간순간 마음을 길들이며 불안감을 잠재웠다. 엄습하는 두려움을 그렇게라도 벗어나려 했는지 모른다.

어디서 나타났는지 파리는 누군가를 향해 여전히 빌고 있다. 병실에 감금되어 구원의 손길을 갈구하던 내 모습을 닮았다. 예상치 못한 삶의 균열로 노인과 내가 병실에서 불확실한 삶을 공유하던 기억이 아릿하다. 방충망 사이에 갇힌 파리의 고통이 어떨지. 살아서 나갔으면 하면서도 그것이 해충이라는 나의 선입견은 창문을 열어주려는 그 알량한 선의조차 저지한다. 선입견이나 편견 없이 타자의 심장에 이를 수 있으리라 여기던 나의 오래된 착각이 새삼 불편하다.

병실 생활 일주일째. 병실은 세상에 속해 있으면서도 세상 바깥에 존재하는 묘한 공간이었다. 일상의 루틴이 평범한 듯 독특한 궤도를 돌며 반복되었다. 세상에서 절연된 것 같은 고립감은 불편함을 넘어 비애였다. 탈출을 꿈꾸던 나는 창가에 앉아 잔디를 내다보며, 입원실 가득 고인 불안과 두려움의 공격로부터 필사적으로 도망치려 했다. "I'm OK"를 수없이 외쳐도 의료 기기의 수치에 의존하는 의사는 퇴원을 허락하지 않았고 무기력한 나는 점점 예민해졌다. 병실에서의 시간은 막연하던 죽음의 실체를 적나라하게 느끼게 했다. 인간이 얼마나 나약한 존재인지, 겉으로는 태연한 척해도 속으로는 얼마나 삶에 애착하는지.

아침이다. 파리가 간데없다. 파리의 부재에 안도하며 그의 운명이 내 손길이 미칠 수 있는 테두리를 벗어난 것 같아 혼자 갈등하던 시간도 맥없이 막을 내린다. 무사히 살아서 나갔구나. 자유를 갈구하는 욕망만큼 질긴 것은 없다는 경험을 공유한 파리와 나 사이에 묘한 유대감이 형성됐는가 보다. 파리가 탈출했다는 해피엔딩에 허탈감이 몰려온다. 이럴 일인가. 적나라하게 고통을 견디는 시간에는 곤충보다 나을 것도 없는 인간인데, 내가 마치 우월한 존재나 되는 듯 교만하게 파리목숨을 두고 저울질했던가. 죽어도 쉽지 않은 가벼운 목숨이 어디 있으랴.

파리가 사라진 뒤에도 내 의식은 파리의 환영을 놓지 못한다. 햇살에 천천히 눈을 감았다 뜰 때마다 방충망의 촘촘한 네모들이 출렁이기 시작한다. 격자형 방충망이 곡선을 그으며 한쪽으로 쏠리다가

춤추듯 아래위로 너울거린다. 그 리드미컬한 움직임에 내 시선은 점점 더 나른하다. 규칙적 모양이던 정사각형 네모는 제각각 커졌다 작아지기를 반복하고, 파리는 갑작스레 날갯짓하더니 제 몸집만 해진 네모 하나를 겨냥해 휘리릭 빠져나간다. 블랙홀에 빨려들 듯 눈 깜짝할 사이에 사라진 파리가 앉았던 자리에는 햇빛만 여전하다. 날갯짓 소리는 마음에 흔적으로 남고, 방충망 창문 너머 하늘은 마냥 넓고 푸르다.

나의 무진

미세한 눈발이 바람을 타면서 사선을 긋는다. 눈보라는 마치 농밀한 안개처럼 백색 커튼을 친다. 눈송이가 굵어지면서 한 치 앞이 안 보이게 하얀 담요로 마술을 부리며 한순간에 모든 것을 감춰버린다. 엊그제 눈 덮인 호숫가에서 만난 겨울 안개가 돌아왔는가. 내가 안개를 '알게' 된 것은 김승옥의 〈무진기행〉에서였다. 여태까지 보아온 낭만적인 안개는 무진의 짙고 무거운 안개 앞에 그 존재의 의미를 잃고 말았다. 그게 스물 무렵이었다. 그 후 나의 안개는 소설 속 은유를 벗어날 수 없었다. 청춘을 지배하는 안개의 유혹은 생각보다 강렬했고 실재하지 않는 것에 숨결을 불어 넣은 듯한 형상이 가는 곳마다 따라다녔다.

소설의 배경이 된 무진(霧津)은 안개 낀 항구로 설정된 허구의 장소다. 무진과 안개는 하나처럼 묶여서 외부인에게는 현실과 유리된 공간 역할을 하고 거주민에게는 타인의 시선을 차단하는 장치가 된다. 무진의 짙은 안개는 바깥세상의 잣대도 효력을 상실하게 만들고, 타인의 불투명한 순간들을 자의로 해석하거나 판단하는 일마저도 허락하지 않는다. 모든 것을 모호하게 덮어버리는 안개의 특성상, 윤리감도 책임감도 의미를 지니지 못하고 무진이라는 울타리 안에서 용해되어 버린다. 무진은 그런 곳이다. 온갖 역할이 기다리는 현실의 일상으로 복귀하기까지 안개 속에 잠시 스스로 유폐하는 그곳은 일탈이며 휴식인 동시에 회복이다.

내게는 여행지의 호텔 방이 그런 공간이다. 일정을 마치고 하얀 시트에 누워 하룻밤을 보내면 낯선 의식을 치른 듯한 느낌이 든다. 흔들릴 때마다 포기하고 싶은 충동을 자제하고 마음을 다잡으며 그곳을 찾는다. 어수선한 발자국을 지우고 새출발해야 할 때 평소의 선입견이나 편견의 굴레를 벗고 침대 시트처럼 흰색이 될 수 있는 공간이다. 나를 객관화하여 바라볼 수 있는 시간. 본연의 나 자신으로 돌아가 다시 시작할 마음가짐이 되는 곳이다. 오랫동안 쓰고 있던 안경을 벗으면 과거 한때 내 안에 머물던 순수를 만나기도 하고, 혼탁한 사회에 편승한 속물 같은 삶의 굴레가 보이기도 한다. 이제 그것을 하루아침에 벗어날 수도, 그럴 용기도 없다. 하지만 그곳에 가면 다소 저돌적이고 과감해져서 운신의 폭이 넓어짐을 느낀다. 여행지에서는 삶의 다채로운 변주가 가능하다. 변주는 다양할수록 좋을까. 익숙한 것들로부터의 일탈을 예고하며 나를 풀어주는 동시에 품어 안는 존재다.

일탈과 귀환이 나에게 자유라는 생명을 주었듯이, 작은 가방 하나 들고 떠나는 나의 여행은 색깔과 소리와 냄새로 타인과 나를 구분하던 의식의 경계를 허물고 다시 태어나게 한다. 인터넷과 스마트폰 속의 가상 공간은 아날로그식 삶을 사는 나에게 친절하지 않다. 끓어오르는 감정과 생각을 조용히 다스릴 수 있는 은신처, 지친 몸과 마음을 추스르는 나만의 무진이 이따금 필요하다. 상처받은 동물이 제 상처를 핥으며 회복할 수 있게 숨어 지낼 동굴이 필요하듯이. 현실 공간과 나만의 동굴 사이에서 떠남과 돌아옴을 반복하며 평정을 되찾고 싶다.

〈무진기행〉의 주인공 윤희중에게 무진이라는 장소가 서울에서 자신을 둘러싼 모든 규정과 질서에서 자유로울 수 있는 물리적 정신적 공간이었듯이, 나에게는 일상을 벗어날 수 있는 타지의 호텔 방이 무진일 것이다. 가슴 저 밑바닥에 고여 있는 생래적인 욕망을 방출할 수 있는 폐쇄된 공간이 한 군데쯤 필요한지도 모른다. 그곳은 부모 자식이나 배우자로서, 또는 친구나 직장인으로서 역할을 하는 장소와는 결을 달리하는 분리된 공간을 말한다. 자기만의 무진을 찾는 사람은 그곳에서 걸치던 옷들은 그곳에 벗어두고 와야 한다는 것쯤은 알아야 한다. 언젠가 그곳을 찾아갈 때 다시 입더라도 그 암묵적인 규칙은 지켜야 한다는 것을.

현실 생활이 이상에서 멀어지면 멀어질수록 자신의 무진이 그만큼 무게를 지니고 다가온다. 나의 진짜 자아는 일상에서의 나일까, 의식의 지배를 벗어난 행동마저 가능한 나만의 무진에 있을 때의 나일까. 평범한 일상에서 모든 관계와 역할의 굴레를 벗어나기는 어렵다. 주어진 역할을 잠시 내려놓는 시간과 익명으로 존재하는 공간이 절실하다던 옛 친구가 생각나는 날씨다. 장작불에도 따뜻해질 것 같지 않고 돌멩이를 던져도 뚫릴 것 같지 않은 농밀한 안개가 마치 수채화 같다. 안개 자욱한 공간이 비로소 아늑하다. 더 늦은 노년에 이르면 계절이 변하듯 나의 무진도 바뀔까.

아직도 눈은 하얀 장막을 치듯 촘촘하게 내린다. 온 세상이 부예지니 겨울 안개 속을 걷는 기분이다. 세속적 가치나 평판이 무의미한 곳, 짙은 안개로 모두를, 그리고 모든 것을 자유롭게 하던 나의 무진은 언제까지 환상의 공간이어야 하는가. "흐린 날엔 손을 내밀고, 그 손을 잡는 사람이 있으면 좀 더 가까이 끌어당겨 주기로 하자."던 〈무진기행〉 희중의 말이 다가오다가 눈발에 섞여 흩날린다. 덩굴손처럼 흔들리던 손이 허공을 더듬고 누군가 그 손을 잡는다. 비로소 따듯하다.

저항하는 꿈 앞에서

한탸와 만날 시간이다. 나는 지하실로 이어진 계단을 내려가고 있다. 내가 만나고 싶어 하는 한탸라는 남자가 그곳에서 일한다. 그는 35년째 폐지를 압축하는 공장 노동자다. 희미한 전구 불빛 사이로 분쇄기와 압축기가 보이고 한 늙은 남자의 윤곽이 차츰 드러난다. 천장에서는 연신 책과 폐지가 뒤섞여 쏟아져 내린다. 쥐가 들끓고 먼지 가득한 공간, 그곳에 그가 있다. 책들은 분쇄되어 압축되면서 책으로서의 의미를 잃고 거대한 폐지 뭉치로 전락한다.

보후밀 흐라발의 소설 〈너무 시끄러운 고독〉의 주인공 한탸를 만나러 가는 길이다. 그가 일하는 현장은 이보다 더한 곳이 있을까 싶게 열악한 환경이지만, 이곳에서 일하는 게 그에게는 큰 기쁨이다. 그는 소음과 악취가 진동하는 공간에서 매일 책을 분쇄하고 압축하며 상사의 욕설과 다그침에 시달린다. 그러다가 운 좋게 폐지 더미 속에서 좋은 책 한 권을 찾아낼 때, 말 못 할 희열을 맛본다. 일하는 틈틈이 양서를 읽다가 집으로 가져가 수집하는 즐거움에 몸이 고된 줄도 모른다. 그렇게 원하던 책을 긴 세월에 걸쳐 끊임없이 읽다 보니 어떤 게 자기 생각이고 어떤 게 책에서 얻은 건지 구분할 수 없을 정도로 그는 책과 하나가 되었다.

나의 내면에 살고 있는 또 다른 나, 그녀도 한타처럼 책 읽기를 좋아한다. 독서가 삶의 중심인 한타만큼 많이 읽지 못했고 그 남자만큼 교양을 쌓지도 못했다. 하지만 책은 그녀 삶에 위로와 치유와 은신처를 제공한다. 살아온 시간의 아름답고 빛나는 기억을 어떻게 불러오는지, 슬프고 괴로운 시간에 대한 기억을 어떻게 밀어낼 수 있는지 그녀는 알아가고 있다. 독서를 통해 화해와 용서하는 법을 배우고, 분노와 좌절에서 어떻게 벗어나는지 도움을 받기도 한다. 이견 없이 그녀와 내 생각이 하나로 모일 때 나는 살아온 내 삶을 긍정하며 안도한다.

저만치 한타가 보인다. 읽던 페이지를 펼친 채 한타의 눈길이 한동안 허공에 머물고 있다. 나는 주춤주춤 다가가 그의 어깨 너머로 그 페이지를 흘깃거린다.

'… 예수는 밀물이요 노자는 썰물, 예수가 봄이면 노자는 겨울이었다. 예수가 이웃에 대한 효율적인 사랑이라면, 노자는 허무의 정

점이었다. 예수가 '미래로의 전진'이라면 노자는 '근원으로의 후퇴'였다.'

이 몇 문장으로 오늘 밤 나의 사유가 끝없이 이어지리라. 작업장에서 뜻하지 않게 교양을 쌓으며 삶의 순리를 이해하게 된 초로의 남자. 나는 명상에 잠긴 듯한 그를 남겨두고 계단을 올라 지상의 내 방으로 돌아온다.

계단을 사이에 두고 지상의 현실과 지하의 환상이 공존한다. 쓰는 사람과 읽는 사람 사이에 언어가 있어 소통할 수 있듯이 한탸와 나는 계단을 통해 소통한다. 한탸는 책 속의 과거요 나는 현실 속의 현재다. 그의 집에는 이미 넘칠 만큼 책이 많지만 은퇴하면 압축기를 구입하여 계속 일하면서 좋은 책을 찾아 읽겠다는 소박한 꿈이 있다. 하지만 나는 소설의 결말을 이미 알고 있어 마음이 아리다. 〈너무 시끄러운 고독〉이라는 역설적인 제목처럼, 자신의 꿈은 이룰 수 없는 허상이었음을 한탸는 아프게 깨닫게 될 것이다.

세상은 전진을 계속하는데 혼자 멈추어 서 있는다면 그건 멈춤이 아니라 후퇴다. 한탸가 지하 세계를 벗어나지 못하고 전통 방식으로 일하면서 책 속에 빠져 지내는 동안 세상은 놀랍도록 변했다. 인간의 노동력을 기계로 대체하도록 발전한 바깥세상은, 그가 사용하던 기계와 비교할 수 없이 성능 좋은 최첨단 기계가 들어선 쾌적한 일터로 바뀌었다. 평생 꿈으로 존재하던 그리스 여행이 한탸에게는 책 속에서나 가능했지만, 풍요로워진 바깥세상에서는 보통 사람도 누리는 평범한 일이 되어 있었다. 35년이라는 세월은 세상을 그렇게 바꿀 수도 있는 거였다.

한탸가 일하던 폐지 공장은 문을 닫고 한탸는 다른 일터로 옮겨가게 될 거라고 한다. 책이 아닌 다른 폐지를 압축하는 곳이라는 말이 칼날처럼 아프게 파고든다. 책이 없는 삶을 어찌 견딜 수 있을까. 그가 따라잡지 못할 만큼 앞서 달아나 버린 바깥세상과 화해나 타협이 가능할지 그것도 문제다. 책과 함께하는 노후를 꿈꾸며 안이한 긍정 속에 허비한 세월이 원망스럽다. 자신을 소외시키고 도태시킨 세상과 타협하는 대신, 한탸는 책들과 운명을 같이 하기로 마음먹는다. 자기가 평생 사용한 분쇄기 속으로 들어가 폐지가 되는 책과 함께 죽음을 맞이하는 한탸의 결정을 어떻게 생각할지 작가는 독자의 손에 남겨둔다. 그것이 책의 세계로 이동한 한탸의 선택에 경의를 표하는 방식인지도 모른다.

한탸가 지상으로 올라와 급변하는 세상의 궤도에 한 발을 얹고 오래 참았던 숨을 크게 몰아쉬는 장면을 그려본다. 그에게는 독서가 숨을 트이게 하는 수단이었을 터. '시끄러운 고독' 속에 질식할 것 같은 현실에서, 그는 '읽음'으로써 숨 쉬는 방법을 터득했으리라. 삶을 견디며 인간이 인간답게 살 수 있도록 돕는 데 한몫한 것은 결국 문학이 아니었을까.

그는 갔어도 그가 오랫동안 간직했을 꿈이라는 이름의 희망이 어딘가에 여전히 머물고 있을 것만 같다. 희망이란, 마음에 품고 있을 때만 유효한 허상인가. 그는 달려가는 시간을 향해 묻고 싶었을 것이다. 자기가 잡으려던 희망이 진정 있기는 있었느냐고.

초록 온기가 그리워

친정에 올 때마다 아파트 베란다에는 초록 물결이 일었다. 원래 베란다는 아버지 영역이었다. 평생 화초를 곁에 두고 아낌없는 애정을 쏟던 분이 먼 곳으로 떠나자, 엄마는 아버지 사랑을 대신하기 시작했다. 아버지 돌아가시고 깊은 상실감에서 벗어나지 못해 모두 힘들어할 때, 어느 날 엄마의 밝은 목소리가 전화선을 타고 태평양을 건너왔다.

“감자가 시들다 못해 싹이 돋았길래 숭덩숭덩 잘라서 화분에 심었더니 글쎄 거기서도 새순이 올라오더라. 죽은 목숨인 줄 알았는데, 그게 속으로는 감자알갱이까지 맺었더구나.” 베란다에서 감자 여남은 개를 캤다는 소식이었다. 죽어가는 생명에도 물을 주고 정성을 기울이면 살아날까, 나는 전화를 끊으며 그런 생각을 했었다. 그런데 신기하게도 엄마의 손길을 거치면 시들 거리던 식물들이 기운을 차렸다. 그러기를 십수 년, 베란다는 온갖 건강한 초록으로 넘실거렸다. 그러나 코로나 팬데믹으로 4년 만에 만난 엄마의 초록 공간은 군데군데 누렇게 변해 있었다. 물 주는 손이 도우미 아줌마 손으로 바뀌었을 뿐인데 베란다 초록들은 천천히, 소리도 없이 죽어갔다. 나는 왠지 가슴이 덜컥 내려앉았다.

엄마는 좋다는 병원을 다 다녀봐도 시력이 계속 나빠지더니 차츰 사람의 얼굴조차 제대로 식별하지 못하셨다. 자연광(自然光)인 햇빛 속에서나 윤곽만 부옇게 보인다고. 전화기 숫자를 누를 때도, 리모컨을 사용할 때도, 냉장고 음식을 꺼내는 데도 도움의 손길이 필요했다. 동생과 내가 나란히 앉아 있는 걸 본 엄마가 "누가 영수냐"라고 묻던 말이 가시처럼 박혀 오래 아팠다. 이제 저 정도가 되셨구나. 하루하루 다가오는 쇠락의 길을 곁에서 지켜보는 일은 연민이라기보다는 두려움이었고, 어쩌면 머지않은 미래에 대한 공포인지도 몰랐다.

베란다에 눈길을 주며 그런 우울한 생각에 젖어 있는데, 안방에서 노랫소리가 들리더니 거실로 나오던 엄마가 양팔을 벌려 덩실덩실 춤을 추셨다. 그저 흥에 겨워 팔다리를 흔드는 몸짓에 가까웠는데도 나는 뭔가에 끌리듯 소파에서 벌떡 일어나 엄마 앞에 섰다. 무엇이 나를 그 자리로 이끌었는지 몰라도, 춤이라고는 춰보지도 않던 내가 엄마를 마주 보며 어색하게 몸을 흔들고 있었다.

육순을 넘긴 딸과 구순이 지난 노모가 팔다리를 덩실거려 장단을 맞추는 진풍경이 벌어졌다. 엄마의 흥을 돋우려고 즉흥적으로 어깨

춤을 춘 것뿐인데 그 우스꽝스러운 몸짓에 내가 왜 울컥하던지. 마른 낙엽이 바람에 흔들리는 듯한 엄마의 춤사위가, 스러지기 전에 잠시 반짝이는 불빛 같아서였을까. 노래는 2절로 넘어가면서 계속되었지만, 몇 분이 채 지나기도 전에 엄마는 가쁜 숨을 몰아쉬며 소파에 주저앉았다. 내가 대여섯 살 무렵에 노래 부르면, 손뼉 치며 환하게 웃던 젊은 엄마 모습이 주름진 노모의 얼굴 위에 겹쳐왔다. 60년 세월이 지나는 동안 엄마는 가랑잎 같은 노인이 되었고 나는 그런 엄마의 엄마가 된 기분이었다.

옆에 앉았던 엄마가 갑자기 내 쪽으로 몸을 돌리더니 "영수야, 네 얼굴 좀 보자"라며 두 손으로 내 얼굴을 감싸고 손가락으로 가만가만 더듬기 시작했다. 나는 당황하여 반사적으로 움찔했지만, 움직이지 말고 그대로 있으라는 내 안의 소리를 들었다. 양 손가락이 이마에서부터 눈과 코를 거쳐 볼을 타고 입술까지 찬찬히 더듬어 내려왔다. 눈에 보이지는 않아도 희미한 기억 속에는 엄연히 존재하는 딸의 얼굴을 찾아, 침묵의 공간을 더듬고 있는 엄마의 열 손가락. 그 기억의 테두리 안에 들어있는 수많은 내 얼굴 중에 엄마가 보고 싶어 하는 얼굴은 언제의 내 모습일까.

나는 가늘고도 깊은숨을 아주 천천히 들이쉬고 내쉬었다. 초점 없는 엄마의 두 눈은 공허했다. 그토록 보고 싶던, 그러나 눈앞에 있어도 볼 수 없는 딸의 얼굴을 촉각으로나마 기억하려는 엄마. 로션 한번 바르지 않은 엄마의 바짝 마른 손은 의외로 섬세하고 보드라웠다. 낯선 의식을 행하는 듯한 그 몇 초 동안의 길고도 기이하던 시간. 세월의 먼지로 뿌옇게 흐려진 기억의 유리창을 손가락으로 문질러 닦으며 딸의 얼굴을 찾아내려는 간절함을, 나는 그저 말없이 바라보고 있었다. 그리고 그 가슴 먹먹한 모성의 더듬이가 지나가는 과정을 조용히 느껴보았다. 갑자기 나는 목이 말라 마른침을 삼켰다. 내가 정말로 갈증을 느꼈는지, 무엇에 대한 목마름이었는지는 나도 알지 못했다. 다만 엄마와 체온으로 교감하던 그 잠깐을 좀 더 의연하게 견디지 못하고 일어선 게 캐나다 내 집에 돌아와서까지도 내내 마음에 걸렸다.

집에 돌아와 엄마의 오랜 친구들이던 책과 장구와 재봉틀과 초록 화초들을 떠올린다. 엄마는 가까이하던 그 친구들을 차례로 잃으면서 삶이 점점 작아진 게 아닐까. 가랑잎 되어서도 초록 기운을 잃지 않던 엄마가 눈에 띄게 이울고 있다. 세상의 온기가 몹시도 그리운 날이면 나는 지그시 눈을 감고 엄마를 만나러 간다. 감은 눈 속에 엄마가 보인다. 밤마다 그리던 딸의 얼굴을 마침내 알아본 엄마가 마지막 춤을 추고 싶어 한다. 엄마를 바라보는 나의 미소가 평화롭다. 열락의 무아경에 취한 듯한 엄마 얼굴은 발그레하고, 따스한 초록 온기가 내 몸에 스며든다. 또 한 번의 봄이 허락될지, 기다리는 마음이 저릿하다. 그날 엄마의 손가락이 내 얼굴을 다녀갔을 때처럼.

잡초는 무죄다

비스듬히 기운 햇살이 미지근하다. 잔디밭을 무단침입하고 은신 중인 잡초를 색출하는 날이다. 바닥에 납작 엎드린 자잘한 풀꽃들은 큰맘 먹고 내려앉아야 보인다. 기껏해야 한 뼘 남짓한 높이여서 엉덩이 받침대로나 사용하는, 의자라고 부르기도 민망한 플라스틱 의자에 앉았을 뿐인데 무심히 지나치던 발 아래 풀들이 오늘따라 눈에 잡힐 듯 들어온다.

잡초는 아무도 돌보는 이 없으니 어떻게든 스스로 살아남아야 한다. 생존 세계에서의 치열함을 모른 척할 수 있으랴마는, 불과 며칠 만에 제자리인 듯 돌아온 끈덕진 생명을 고운 눈매로 바라보기는 어려워 밉살스러운 한편 딱하다. 뿌리만 성하면 다 죽어가던 생명도 다시 살아난다. 여린 것들은 마구잡이로 뜯어내도 별 저항 없이 두 손 들고 나오는데, 이미 쇤 것들은 몇 가닥씩 손가락에 돌돌 말아서 낚아채야 뿌리까지 캘 수 있다. 고백하자면, 나는 화초와 채소와 잡초를 제대로 구별하지도 못하는 수준이다. 부추를 자른다는 게 비슷한 모양의 잔디를 같이 자르는 바람에 먹지도 못하고 버린 적이 있다. 텃밭 조수 경력 십여 년이건만 해고되지 않은 게 화근이라고 할까.

몸에 익지 않은 일은 시작부터 힘이 든다. 한겻이 지나도록 뽑아도, 일어서서 허리 펴고 돌아보면 그대로다. 그때만큼 땅 한 평이 넓어 보이는 적도 없다. 땀도 식힐 겸 잔디를 짚어지고 드러누우면 하늘이 구름을 안고 내려온다. 조용한 구름을 이불처럼 덮고 바라본 세상은 평화롭기 그지없다. 바람도 달다. 일상에서 동경하던 평화로움을 고된 노동 끝에 얻고 육체노동 후에 찾아온 갈증은 물맛을 더해준다. 오랜만의 노동으로 몸이 맛본 고된 성취감에 취하면 세상이 잠시 아름답다. 흙 만지는 손은 흙의 모성을 닮는지라 생명 귀한 줄 알게 마련이다. 자애로운 손은 소박한 꿈을 갖고 정직한 곳에 삶의 뿌리를 내리도록 이끌어준다. 흙 묻은 농부의 손을 귀히 여기는 까닭이 아닐는지.

잡초 캐는 일은 중독성이 있다. 조금만, 조금만 더, 하며 욕심부리다 보면 허리가 뻣뻣해지고 하늘이 노래진다. 쉬어 가라는 신호다. 선잠 깰 때처럼 미련이 남지만, 한계를 알아야 내일이 있다. 세상 이치는 단순하여 그 단순함에 익숙해지면 일상이 번잡함을 덜 수 있을지 모른다. 뿌린 만큼 거두지는 못한다 해도, 돌보는 시간을 누릴 줄 알면 그것으로 족하리라. 농익은 땀 냄새가 시크무레하다. 싫지 않은 시간의 냄새다.

나는 토끼풀 뽑기를 좋아한다. 캐기 편해서가 아니고 꽃이 예뻐서도 아니다. 앙탈 한 번 못 부리고 굴복하는 게 안쓰러워서, 그것도 아니다. 조금만 뽑아도 추방당한 풀들이 더미를 이루며 휴식의 냄새를 풍기기 때문이다. 길게는 일 미터 이상 되는 토끼풀도 있다. 줄기만 잘 따라가며 잡아채면 금세 눈앞에 수북이 쌓이고 풀 뽑힌 자리가 훤하니 성취감도 그만이다. 내 몸이 힘들면 나름의 기준도 무시하고 가차 없이 뽑아 던지며 휴식을 욕망하기에 이른다. 거리낌없는 이기심으로 시간과 열정을 소진한 끝에 맛보는 휴식, 이 얼마나 무책임한 탕진이며 성급한 희열이더냐.

처음부터 그랬던 건 아니다. 세상에 쓸모없는 존재는 없다고, 잡초는 어떤 가치와 의미가 있는지 아직 모르는 풀이라는 생각에, 손에 쥔 채 살생부 명단에 넣을지 말지 고민도 하고 갈등도 했다. 꽃만 안 피웠어도, 남의 터에 들어와 제 한 몸 건사하고 목숨 부지하려는 안간힘이려니 하고 못 본 척 그냥 넘어갔을지 모른다. 명색이 잔디밭인데 잔디 아닌 풀들이 남의 영역을 침범하는 것도 모자라 꽃까지 피우며 대를 잇는 번식을 꿈꾼 죄. 과욕이 부른 참사려니 해도, 하나하나에 마음을 주다 보면 풀을 뽑지 못한다. 잡초와 나 사이에 언어가 없었으니 다행이지 공용 언어가 있었더라면 저마다 호소하는 사정을 듣지 않을 수 없었을 터. 그것을 알아들으면서 어찌 모질게 선을 그을 수 있을까. 낱개의 존재가 아니라, 한 덩어리로 뭉뚱그려 그저 잡풀일 뿐이라고 몰아칠 때 처리하기가 수월하리라. 제각각 이름을 주어 개별 존재임을 인정하면 감정선이 무너지기 쉽다. 간신히 개별성이라는 내면의 시험을 통과했는데 다른 갈등이 고개를 든다. 꽃이 아름다워도 잡초 명단에 들어 있으면 모두 축출해야 할까. 발밑에 엎드린 힘없는 민초 위에 군림하는 권좌의 단맛에 취해 이성을 잃었는지, 이 상황에 감정이 끼어드는 것은 불필요한 사치라는 생각이 우세하다. 어쩌면 좋은가. 나라는 존재는 어떤 가치와 의미를 갖기에 이리 오만할 수 있는지.

반나절 노동으로 뒷마당이 훤해졌지만 그 질긴 목숨들이 아무려면 쉬이 멸종하랴. 며칠 지나면 언제 그랬냐는 듯 떼 지어 꽃을 피워 대리라. 공생을 원하는 민초를 향해, 너는 어떤 쓸모가 있느냐고 다그치며 서툰 칼날을 들이댄 것 같아 고된 노동의 뒷맛이 개운하지만은 않다. 아직 그 가치를 모르는 식물을 두고 내 멋대로 목숨값을 저울질한 심판의 시간. 겨우 이깟 의자에 앉았다고 허세에 취했던가.

바람이 분다. 풀들이 약속이나 한 것처럼 몸을 눕혀 바람이 지나갈 길을 터준다. 내가 휘두른 횡포 앞에서 침묵으로 항거하며 그들이 생존할 수 있었던 지혜이리라. 허공에 자리 잡은 착각 속의 권세가 허탈하게 무너진다. 자비심이 없으면 차라리 무관심이 선심일 터, 그럴듯한 명분 뒤에 숨은 손끝의 방자함이 바람 한 점에 속절없이 흩어진다. 제 이름과 언어를 갖지 못해 뽑혀버린 잡초는 모두, 무죄다.

세상 끝에 선 어미 호박꽃

한여름 뒷마당 텃밭은 평화로웠다. 그 평화로움 속에는 보이지 않게 변하는 것들이 있었다. 깻잎을 솎아내고 있을 때, 큰 이파리에 가려 안 보이던 연둣빛 호박 하나가 눈에 들어왔다. 내 엄지손가락보다 조금 굵을까. 며칠 못 본 사이에 호박꽃을 밀어내고 꼭지를 차지한, 갓 태어난 호박일 터였다. 새 생명의 출현이 반가워 작은 탄성을 지르려는 순간, 누렇게 시든 호박꽃에 눈길이 잡혔다. 호박이라는 결실을 얻으려고 모든 기운을 소진하여 지친 듯, 꽃은 제자리마저 내주고 호박 끄트머리에 겨우 매달려 있었다. 제 임무를 다한 꽃은 몸을 오그려 닫아걸었고 관능의 유열을 나누던 여름 볕은 홀로 뜨거웠다.

일주일 전만 해도 햇빛은 활짝 열어젖힌 호박 꽃잎을 베고 늘어지게 누워 있었고 그 주위를 벌과 나비가 들락거렸었다. 하지만 뒤늦게 찾아온 벌들이 앵앵거리며 꽃잎 주위를 기웃거려도 한번 닫힌 호박꽃은 다시 열릴 줄 몰랐다. 커다란 꽃잎을 열어 곤충을 불러들이고 자기들만의 언어로 은밀한 시간을 나누던 한때의 기억을 잊기야 했으랴마는. 혈기 넘치는 열정이었든, 지나가 버린 아릿한 아름다움이었든 그 모든 기억이 그리움 되어 남았으리.

호박꽃이 궁금하여 며칠 만에 다시 나가 본 텃밭에는 그게 애초에 호박꽃이었는지조차 못 알아볼 정도로 시들어 초췌해진 채로 호박 끝에서 간당거렸다. 그 살과 피를 먹고 어느새 한 뼘 넘게 자란 호박은 피부가 야들야들했고 뼛속까지 다부진 청춘을 뽐내고 있었다. 제가 낳아서 그렇게 보이겠지만 어디에 내놔도 손색없을 정도로 번듯하게 성장한 호박을 보며, 어미는 속없이 흐뭇했으리라.

어미로서 할 일 다하고 말라비틀어진 호박꽃에서 나는 내 어머니를 보았다. 딸 넷을 모두 출가시키고 손주 몇을 보았을 무렵이었다. 대화의 앞뒤 맥락은 알지 못해도 누군가와의 통화에서, 이젠 쭉정이가 다 된 것 같다는 엄마의 자조 어린 목소리를 들었다. 남의 집 열 아들 부럽지 않게 딸들을 키우는 게 목표라고 하던 장손 집 맏며느리, 아들 없는 엄마의 생이 파노라마처럼 펼쳐졌다. 엄마는 그때까지만 해도 나이에 비해 곱고 젊다는 말을 들었다. 엄마가 호박 끝에 달린 마른 꽃처럼 된 것은 내 아들, 그러니까 엄마의 첫 손자를 키우면서부터였을 것이다. 맏딸이 직장 다니며 육아 문제로 애면글면하는 게 안타깝던 엄마는 내 아이를 다섯 살까지 돌봐주셨다. 나는 나대로 직장과 가정 사이에서 허덕이느라 노년에 손자를 맡아 키우는 엄마의 삶까지 보살필 여력이 없었다. 곱게 윤기 흐르던 엄마는 어느 사이에 쪼글거리는 할머니가 되어 있었다. 그때야 나는 비로소 쭉정이라는 표현을 이해했다. 그렇게 호박을 키워낸 어미 꽃이었다. 나는 못 볼 것을 목격한 듯 맥없이 주저앉아 있었다.

별 후회도 아쉬움도 없는 삶이었다고 했지. 그만하면 잘산 것 같다고도 했다. 지극히 평범한 생을 산 호박꽃이었다. 열두 폭 치마를 떠올리게 하던 탐스러운 꽃이었는데, 호박이 미끈하게 자라는 사이에 꽃은 볼품없이 쪼그라들고 말았다. 세월의 힘이란 그토록 가차없는 거였다. 어린것에게 짐스러운 존재가 될지도 모른다는 생각에, 늙은 호박꽃은 시간이 지날수록 불안했으리라. 빛이 마르며 시들어가는 시간은 길고도 지루했다. 이루는 데는 한 생이 걸려도 무너지는 데는 며칠이면 충분했다. 빛나던 시간의 기억을 붙들고 검은 잠속에 빠져드는 일만이, 이제는 진정 흙에 묻힐 시간만이 남은 것인지.

행여라도 자식들 불편할세라, 없는 듯 존재하는 내 어머니라는 꽃. 늠름한 호박 끝에 매달려 연명하는 꽃은 언젠가부터 자신의 내일을 잃어가고 있었다. 몰랐던 게 아니다. 생명 가진 모든 것은 이울고 이울다가 소멸한다는 준엄한 자연의 질서를. 하지만 떠날 수도, 마냥 붙잡고 있을 수도 없는 삶 속의 죽음은 생각보다 냉혹했다.

기운도 달리고 의욕도 떨어진다고 푸념하면서도, 백 살이 다 되도록 살고 있어 그러니 어쩌겠냐는 체념으로 엄마의 하루는 마무리되었다. 문 앞에서 기다리고 있는 것 같은 죽음을 문득 기억하다가도, 슬그머니 찾아오는 새 아침이 반갑다고 했다. 엄마가 발 딛고 살던 밭에 아직은 해와 바람과 비가 번갈아 찾아오리라는 막연한 기대감에서였을까.

뒷마당에 비가 내린다. 여린 호박은 연둣빛에서 견실한 초록으로 풍미를 더해갈 것이다. 그 호박을 세상에 내놓은 어미 호박꽃으로 시선을 돌린다. 한창때 황금빛은 간데없이 사라지고 꽃은 이미 갈색 검불로 변했는데도 자식이 뭔지, 미끈한 호박 끝에 간당간당 매달려 흔들린다. 대부분의 꽃은 열매를 맺기 위해 제 한 몸을 보시한다. 꽃이 아름다운 데는 그런 숭고한 이유가 있는지 모른다. 바람 한 번 스치면 떨어질 위태로운 검불 하나가, 내리는 비를 핑계 삼아 내 마음을 온종일 적셔놓는다.

아니다. 내가 잘못 보았나 보다. 마른풀 같은 저것은, 호박 끝에 매달린 게 아니라 다 자란 호박이 차마 놓지 못해 붙들고 있는 것이리라. 꽃이라고 부르기도 민망한 모습이지만, 이 세상 누구보다 자기 호박을 사랑하는 어미 꽃이다. 꽃으로서 수명을 다하고 검불이 되어서도 여전히 어미로 존재하는, 저, 꽃. 어쩌자고 비는 세상 끝에 서 있는 어미마저 적시는가.

c h a p t e r — 2

낙타가 울었다

문(門)

내 기억에 자리 잡은 최초의 문은 황토색 나무 대문이다. 여섯 살까지 그 문은 혼자서는 열 수 없는 '닫힌' 문으로 존재한다. 두 살부터 열여섯 살까지 수없이 드나들던 한옥 대문은 내가 커감에 따라 느끼는 크기와 무게도 달라진다. 높아만 보이던 문이 차츰 낮아져 혼자서도 빗장을 풀 수 있게 되고 나서는, 그러니까 머리 위에 있던 빗장의 높이가 가슴께로 낮아지면서부터는 대문이 바깥 세계를 만나게 해주는 통로라는 의미로 바뀐다. 내 손끝에서 열리고 닫히는 문으로, 안 세상과 바깥세상을 구분하는 동시에 연결하는 장치로 인식하기 시작한다.

기억은 하지 못해도 내 생의 가장 따뜻한 문이었을 엄마의 아기집 문. 내게 세상 빛을 보게 하려고 엄마가 그토록 애써 열었다는 그 문은 고통과 환희가 공존하며 엄마 기억에만 전설처럼 남아 있다. 그러던 문이 네 번 열렸다 닫히며 기능을 다하자, 엄마는 가슴의 문을 열어 놓았다. 네 딸은 그 문을 수없이 들락거리며 엄마 냄새를 기억에 새겨두었다. 세월이 흘러 내 몸의 아기집 문을 열 때, 나는 오래전 엄마의 고통과 희열을 기꺼이 내 것으로 받아들였다. 그리고 그것을 잊지 못할 기억으로 내 몸 깊숙이 접어 넣었다.

내가 만난 수많은 문 중에는, 내가 스스로 열고 들어오기를 기다리던 문도 있었을 것이다. 문 너머의 세계로 건너가는 생각에만 급급하여 어떤 문은 열렸는데도 닫힌 문으로 인지하기도 했으리라. 다 연 줄 알고 발을 들여놓으려는데 느닷없이 불어온 바람으로 코앞에서 단호하게 문이 닫히던 순간이나, 멋모르고 다가갔을 뿐인데 문이 저 혼자 스르르 열리던 순간을 나는 불행이나 행운이라고 해석했다. 두려움에 선뜻 문을 열지 못한 적은 없었을까. 가족의 불투명한 내일을 손아귀에 쥐고 흔들던 수술실 유리문 기억은 여전히 시리다.

눈앞에 버티고 있는 생의 육중한 문을 힘겹게 열어야 할지 포기하고 돌아서야 할지 고민할 무렵 알게 된 화가가 있다. 화집으로 감상하며 갈증을 달래던 시기에 알게 된 빌헬름 하메르쇠이. 사람들은 그의 작품이 아늑하고 평온하다는 표현 대신 외롭고 쓸쓸하다고 평하기를 좋아한다. 그의 그림이 보여주는 집에는 햇빛이 가만가만 드나드는 빈방, 열린 문을 통해 보이는 공간 너머의 공간, 그리고 어쩌다 하나 놓인 테이블이나 의자가 전부라서 그럴지 모른다. 하지만 테이블에 놓인 책과 따뜻한 찻잔에 눈길을 주면, 그 작은 것들이 그림의 정서와 온기에 얼마나 깊이 관여하는지 감지할 수 있다.

시선이 드나드는 길이 창문이라면, 몸이 드나드는 길은 문이다. 가구라 부를 만한 것은 거의 없어도 그의 그림에는 문이 있고 창이 있다. 문은 열려 있고 벗은 창으로 들어오는 햇빛은 조용하고 겸손하다. 나는 온기와 빛으로 교감한 흔적을 통해 그 집주인의 삶이 단순하고 따스하리라고 짐작한다. 침묵의 빛을 중시하는 그 집에, 휑하면서도 그득하고 정지된 듯하면서도 출렁이는 기류를 만들어내는 무엇인가가 있다. 그런 곳에 살고 있는 사람과 차 한잔하며 마음을 나누고 싶을 때면 나는 화집에 있는 그녀의 집에 들르곤 한다.

그의 그림에 등장하는 여인은 대부분 혼자 등을 보이며 서 있거나 돌아앉아 있다. 피아노 앞에 앉아 있거나, 테이블에 찻잔을 놓고 책을 읽을 때도, 서서 무슨 일엔가 몰두했을 때도 뒷모습을 보여준다. 나는 그녀의 등을 바라보며 상상하는 것을 즐긴다. 사려 깊은 그윽한 눈빛에 입술은 야무지되 편안하게 닫혀 있고, 늙지도 젊지도 않은 시간을 담은 얼굴이 그려진다. 영혼이 맑으리라 짐작하며 내 마음은 소리 없이 그녀 앞에 다가가 앉는다.

나는 그의 그림에 우윳빛 문이 있고 문이 여럿이어도 하나쯤은 열어놓는다는 점에 주목한다. 두드리지 않아도, 열려고 애쓰지 않아도 내가 들어갈 수 있도록 허락하는 문 같아서 편안하다. 그 편안함이 나를 부른다. 만일 문이 닫혀 있어도 내가 그의 그림을 지금처럼 좋아하며 자주 들렀을까. 그의 열린 문에 내 마음도 열리는 경험은 신비다. 햇빛 한 모숨과 안주인의 온기가 묻어 있는 찻잔 하나만 놓여 있어도 춥거나 쓸쓸하지 않다.

생의 이 지점까지 오면서 수없이 여닫던 문. 그중에는 내 손의 악력에 저항하던 손잡이들도 더러 있었다. 타이밍을 잘 맞췄더라면 잠금을 풀고 순한 눈빛으로 나를 받아들이지 않았을까. 언제 문을 두드릴지, 언제 손잡이를 돌려야 할지, 그때를 잘 맞췄더라면 어디든 들어갈 수 있었을지 모른다. 그걸 모르고, 닫혀 있는 문밖에서 원망하고 좌절하며 애태우던 시간이 지금은 노을빛에 물들어 너그럽게 웃는다.

내 안의 문을 들여다본다. 아무에게나 호락호락 열지 않던 문이다. 하지만 나와 마음의 결이 같은 몇 사람에게는 가슴의 문을 젖히고 기꺼이 내 안으로 들였으니, 그것으로 위로 삼는다. 세월이 지나면서 그 문도 손잡이와 빗장이 많이 헐거워졌다. 잊고 지내던 친구들 얼굴이 열린 문틈으로 들어온다. 우정도 노력이고 관계도 노력이다. 방치하면 녹슨다는 자연의 질서를 이제야 깨닫는지. 안으로 들어오고 싶은데 잠긴 줄 알고 문밖을 서성거리는 이가 없는지 둘러봐야겠다. 나는 그림 속 그녀의 등에 모포 자락을 덮어주고, 읽던 책을 한쪽으로 밀어놓고 일어선다. 햇빛 스며드는 빈 공간에, 아무래도 따뜻한 차 한 잔 갖다 놔야 할 것 같다.

낙타가 울었다

사막에 해가 진다. 황야에 스며드는 어둠이 모든 것의 경계를 지우고 있다. 뭇 생명이 휴식에 드는 시간. 유목민 한 사람이 이동식 천막집인 게르에서 나오더니 어린 낙타를 줄에 붙들어 맨다. 태어난 지 며칠밖에 안 된 것이 밤 동안 길을 잃고 헤매면 어쩌나 싶어서다. 어미는 놔둬도 괜찮을까. 세상의 모든 어미는 어린 제 새끼 곁을 떠나지 못한다. 새끼만 단속하면 모성은 저절로 묶이는 것이 자연의 질서이고 천륜이다. 어미는 멀리 가지 못하고 밤새 어린 것의 곁을 지킬 것이다. TV 화면 앞을 떠나지 못하는 나도 어미의 밤샘에 동참하고 싶다.

동이 트면서 모래바람이 분다. 붉은 해를 등지고 서 있는 어미 낙타 다리 사이로 무엇인가 보인다. 새끼 낙타다. 어미와 새끼 낙타가 한동안 서로 반대 방향을 바라보고 있다. 소 눈을 닮은 어미 낙타의 눈이 먼 기억을 더듬는 듯 허공을 향한다. 아무것도 모르는 어린것은 제 어미 몸에 머리를 비비며 응석을 부린다. 무슨 영문인지 어미는 새끼가 젖을 물지 못하도록 몸의 방향을 틀어버린다.

어린것은 애절한 눈빛으로 어미를 응시하며 제 어미를 빼닮은 눈을 끔벅거리고 있다. 허기진 새끼 낙타가 다시 한번 어미 품을 파고든다. 이번에도 어미는 거절의 몸짓을 분명히 한다. 순하디순한 눈망울에 어울리지 않는, 어린 제 새끼에 대한 저 집요한 거부는 무엇인가. 난산의 기억 때문이라지만 어쩌면 어미로서의 삶 자체를 거부하는 몸짓인지도 모른다. 자신의 목숨마저 위협하던 출산 기억이 어미 낙타의 속눈썹에 내려앉아 시야를 가렸는지, 아니면 막막한 사막에서 어미로 살아갈 내일이 버거운 것인지. 주위는 숨소리조차 삼킨 듯한 적요에 시간이 멈춘 것 같다. 어미는 무엇인가를 기다리는 표정이다. 어미가 어린것에게 젖 물리기를 거부하는 위태로운 시간이 끊어질 듯 이어지고, 화면 밖에서 지켜보는 나도 침이 마른다.

어미 낙타의 마음을 어쩐지 이해할 것 같다. 난산으로 내 아이를 얻은 시간은 무거웠다. 무슨 이유로 물 마시는 게 금지됐는지 몰라도 서른 시간 넘는 진통 시간 동안, 나무토막처럼 마른 혀가 입안에서 덜거덕거리던 기억은 꿈속에서도 갈증을 불렀다. 내 옆에 눕힌 아기 머리가 고깔모자를 쓴 것처럼 뾰족했다. 그게 낯설어 나는 다른 산모들처럼 내 아이를 선뜻 받아안지 못했다. 출산할 때 아기 머리가 보일 무렵 정신을 잃어서 아기를 흡입기로 뽑아냈다는 걸 며칠 지나서 알았다. 진통하는 시간의 터널을 같이 건너온 어린 생명이 얼마나 안쓰러웠는지. 제 어미와 생사를 함께한 아기를 안았을 때 느끼던 미안함은 세월에도 퇴색할 줄 모르고 꿈틀거리며 살아있다.

자신이 속한 세계를 벗어나는 꿈을 버리지 못한 영혼처럼, 어미 낙타의 눈빛이 외롭게 흔들린다. 어미의 거부 의지가 저리 확고하면 머지않아 새끼를 죽음으로 몰고 갈 수 있다. 새끼를 살려야 하는 주인은 어미 낙타의 마음을 움직여줄 연주자를 부르기로 한다. 머리 부분이 말머리 모양이라서 마두금(馬頭琴)이라 불리는 악기는 자그마한 직사각형 울림통에 두 줄이 달린 유목민 전통 현악기다. 구슬픈 곡조가 가슴 깊은 곳을 울리며 고요한 사막에 울려퍼진다. 모든 것이 지워진 공간에 하늘과 낙타와 음악 소리만 존재한다.

얼마쯤 지났을까. 어미의 커다란 눈에 눈물이 고이기 시작한다. 낙타가, 울고 있다. 눈 아래 털을 적시며 흐르던 굵은 눈물방울이 모랫바닥으로 툭, 툭, 떨어져 내린다. 한 방울, 또 한 방울, 결코 우연일 수 없는 눈물이다. 애절한 음악에 감동하여 우는 동물을 보며 주인과 연주자가 내쉬는 안도의 숨이 다큐멘터리 화면 밖으로 새어 나오는 듯하다. 은닉해 있던 어미 낙타의 모성이 음악과 교감하여 눈물로 승화한 것일까. 곁에서 남의 새끼가 굶어 죽어도 자기 젖을 내주지 않는 비정한 낙타라지만, 마두금 연주에 감동하면 눈물 흘리며 젖을 물린다.

주인이 새끼 낙타를 데려온다. 긴장되는 순간이다. 어린것은 허공에 시선을 둔 채 눈물 떨구는 어미의 젖을 불안한 듯 두려운 듯 더듬어서 문다. 어미는 젖은 눈으로 조용히 새끼를 받아들인다. 그토록 배타적이던 사랑과 화해하는 장면에 나는 내 아이를 품에 안던 순간을 떠올리며 울컥한다. 연주자의 손에서 풀려나오는 악기 소리, 그건 모성만이 해독할 수 있는 신비였고 모성의 감성과 결을 같이하는 울림이었다.

태양이 사정없이 내리쬐고 사막은 침묵하며 모래바람을 부른다. 바람이 훑고 가는, 길 없는 길을 오늘도 수많은 생명이 걸어갈 것이다. 어떤 이는 막막한 사막에서 모래바람의 노랫소리를 들을 것이고 또 어떤 이는 낙타의 눈물을 기억할 것이다. 구도승처럼 끝없이 걸으며 자신의 운명에 순응하는 낙타의 행보에서 인간의 모습을 본다. 죽음에 드는 순간까지 저마다 숙명처럼 짊어진 삶의 하중을 견디면서 묵묵히 걷는 인간의 모습과 어찌 그리 닮았는지.

내일도 낙타는 제 몸보다 무거운 등짐을 지고 걷는 일을 멈추지 않으리라. 모래바람이 불어와 어제의 모든 흔적을 지우는 그곳 광활한 사막에, 자신의 발자국을 새기며 끊임없이 걸어갈 것이다. 인간도 낙타도, 그 뒤를 따르는 눈물로 키워낸 어린 생명들마저도.

소망의 연기

사원 입구에 이르니 몇 미터에 이르는 묵직한 직사각형 나무 테이블이 길게 놓여 있다. 그 테이블 한쪽을 차지한 거대한 향로에서 연기가 뭉게구름처럼 피어올라 어딘지 먼 곳으로 흘러간다. 향로 주변에는 날린 재가 부옇게 흩어져 있다. 기도하는 사람들 모습이 짙은 연기 사이로 어룽거린다. 같은 동양이라 해도 소원을 비는 방식은 나라마다 다를 것이라고 상상한다. 궁금한 마음에 발걸음이 잡혀 조금 떨어진 곳에서 살펴보기로 한다.

두어 명씩 테이블에 다가가 향합에서 향을 꺼내 불을 붙이더니 향로에 꽂고 고개를 숙인다. 기원하는 뒷모습이 숙연하다. 여기까지는 우리나라에서도 보던 익숙한 광경이다. 그런데 얇은 나뭇조각 앞뒤에 글자를 적는 과정은 낯설다. 종이나 천 조각에 소원을 적는 것은 봤어도 나뭇조각에 쓰는 것은 처음 본다. 내용을 이해하지는 못해도 한쪽에는 소원을 적고 반대편에는 그 주인공 이름을 쓰고 있으리라 짐작한다. 성스러운 의식을 행하듯 정성 들여 쓴 나뭇조각을 걸어두는 게시판은 이미 만원이다. 갈 곳 잃은 염원 조각은 향로 맞은편 더미에 얹히고 뒤를 잇는 사람들이 똑같이 반복한다.

나는 연기가 마음을 정화하기나 하는 듯 깊은숨을 쉬며 멀찌감치서 지켜보고 있다가 주춤주춤 뒷사람들에 밀려 테이블 앞에까지 이르렀다. 다른 사람의 새 기도가 얹힐 때마다 더미 맨 위에 있던 누군가의 소원 하나가 주르륵 미끄러져 내린다. 안타까운 마음에 미끄러진 것을 집어 올려놓고 싶지만, 누구 것인지도 모르는 염원의 무게를 내 잣대로 판단할 일은 아닌 것 같아 그만둔다. 허공 가득한 연기는 흐느적거리는 몸으로 길 없는 길을 유영하며, 염원이 꼭 이루어져 이승의 삶을 어떻게든 살아내게 해 달라고 몸부림치는 것 같다. 지나온 길을 돌이켜보면 이루어서 좋은 것도 있고, 이루지 못해 외려 다행인 것도 있다. 당장의 판단으로 희비를 가늠할 일은 아니라며 소망의 연기에서 한발 물러서면서도, 내 것을 걸어놓지 못한 게 왠지 아쉽다.

무성영화의 한 장면처럼, 허리 굽혀 기도하는 사람이나 뒤에서 차례를 기다리는 사람이나 다들 말이 없다. 감히 뚫을 수 없는 침묵의 벽에 한 사람씩 갇힌 모양이다. 기도는 인간이 바닥까지 몸을 낮추고 내놓는 가장 겸허한 목소리다. 세상의 모든 소원과 기도는 절실한 만큼 조용하다. 허공은 소망으로 바글거리는데 연기의 근원인 향로는 무심한 척 태연하다. 매운 연기를 뿜던 향은 결국 재가 되어 주저앉는다. 한 사람의 생이 한 줌의 재로 끝나듯, 누군가의 소망이었을 향이 미미한 재로 변하고 있다. 소원이 글씨를 써서 이룰 수 있는 거라면 수백수천 글자인들 못 적으랴. 마음속 희원을 선불리 드러내지 못하는 건, 간절히 붙잡고 있던 그것마저 좌절되면 어쩌나 하는 두려움 때문인지 모른다. 그렇다고 버릴 수도 없는 나의 삶. 어쨌거나 내 몫인 것을.

가슴속 깊숙이 들어있을 소망에 가만히 손을 뻗는 순간, 어릴 때 읽은 동화가 생각난다. 착하고 순박하게 살아온 가난한 부부에게 어느 날 요정이 나타나 세 가지 소원을 들어주겠다고 한다. 소시지나 실컷 먹었으면 좋겠다고 무심결에 내뱉은 아내의 소원이 실현되자 당황한 농부가 코에나 붙어버리라고 홧김에 말한 것이 두 번째 소원이 되고 만다. 그것을 원상태로 되돌리는 데 마지막 소원을 쓸 수밖에 없던 결말을 읽으며 애태우던 기억이 올라온다. 소시지도 못 먹다가 실컷 먹을 수 있게 됐는데 두 번째 소원은 입 밖에 내지 말고 참았더라면. 소원을 빌 때는 신중해야 한다는 것. 감정에 치우친 언행을 하면 얼마나 어리석고 허망한 결과를 맞을 수 있는지 경고하는 동화가 뒤늦게 마음에 들어온다.

그때 짙은 갈색 법의 위에 노란 승복을 걸친 젊은 승려가 새 나뭇조각을 한 자루 들고 나타난다. 커다란 쟁반 같은 곳에 쏟아붓더니 아무 표정 없이 사라진다. 새 조각은 연신 가져오면서도 소원이 적힌 것들은 아무도 거두지 않아 높이를 모르고 쌓여간다. 하늘로 오르지 못한 소망들이 소리를 삼키며 바닥에 떨어져 흩어진다. 저들 삶의 절박한 무게를 내가 감히 함께할 수 없다는 사실만 확인한 셈이다.

지극한 정성으로 기도드릴 때만큼 무구하고 겸손해지는 시간도 없을 것이다. 일상에서도 그렇게 생활하면 삶의 무게도 조금 가벼워지지 않을까. 불상의 미소와 가르침의 향내가 그리워 내 몸 여기저기를 킁킁거려본다. 향을 사른 냄새가 옷에 뱄는지 희미하게 코끝에 감돈다. 이루고 난 성취의 재가 될지 이루지 못한 좌절의 재가 될지 모르지만, 향내를 품은 소망은 연기로 흩어져 오르고 소원을 빌 때의 마음은 검박한 색깔의 재가 되어 남겠구나.

오늘도 향로는 타인의 염원을 위해 묵언수행을 계속한다. 향을 사르는 연기는 이룸과 이루지 못함 사이에 놓인 가교 같아 보인다. 간절하게 빌기만 하면 그게 내 삶의 과정에 들어있지 않아도 시절 인연이 닿지 않아도 그 소망이 이루어질까. 간절한 염원을 지닌 많고 많은 사람 중에 받을 준비가 된 자에게, 인내하는 자에게만 가 닿는 것인지. 향 내음은 어느 곳에나 갈 수 있지만 어떤 곳에도 머물지 않는다는 것을 기억하리라.

양파의 꿈

양파를 언제 사 왔더라? 커다란 그물망에 담아서 파는 양파는 노부부 둘이 먹기에는 양이 많아서 부지런히 먹어도 마지막 남은 것은 속이 곯기 일쑤다. 지난번에도 하나를 버렸다. 아깝게 또 버리느니 물러지기 전에 싹이라도 틔워 볼까 싶었다. 초록이 그리운 계절도 아닌데 내 손은 기다렸다는 듯이 유리컵에 물을 붓고 있었다. 유리컵 가득 담긴 물은 양파를 키우고 싶다는 나의 욕구를 닮은 듯, 넘치기 직전이었다. 양파를 집다가 손끝에 느껴지는 단단한 근육질에 흠칫 놀랐다. 이리 다부진 생명인데 양파의 의사는 묻지도 않고 내 멋대로 물컵에서 새 삶을 강요해도 괜찮을지.

내 집에 들여온 양파는 씨앗 시절부터 땅속에서 어두운 세상에 적응하며 한 생을 온전히 살아낸 것들이었다. 뒷마당 텃밭에도 양파가 자라고 있었다. 양파 자체로 이미 완성된 삶인데, 물에 담가 뿌리내리는 일부터 다시 시작하라고 종용하는 게 아닌가, 마음에 걸렸다.

내 욕심에 대한 무의식적인 저항이 내면에 있어 떳떳하지 못한 일을 했을 때처럼 편치 않았다. 내심 갈등하면서도 채워지지 않은 나의 허기를 이기지 못했는지 단념할 수 없었다.

그 옹골찬 몸통을 어떻게 뚫고 나왔는지 양파는 며칠 후 하얀 뿌리를 내렸다. 양파 뿌리는, 노인의 짧게 깎은 하얀 수염같이 빳빳했다. 저 정도 강건한 뿌리라면 꽃 필 때까지 견딜 수 있겠지, 나는 안도했다. 일단 시작한 일에 책임감을 느낀 나는 매일 의식을 치르듯이 신선한 물로 갈아주었고, 얼마 지나지 않아 양파 머리에 푸릇한 싹이 돋는 걸 볼 수 있었다. 싹은 쑥쑥 자랐고 하루가 다르게 변화하는 모습에, 내 선택이 틀리지 않았음을 확인한 것처럼 설렜다.

하지만 초록 싹이 키를 늘이는 만큼 양파 속이 비어가는 것을 목격하자 가슴이 덜컥 내려앉는 기분이었다. 뿌리로 빨아들이는 물의 양분만으로는 겁 없이 커가는 줄기를 감당하기 어려운 모양이었다. 싹을 올리는 데 양분을 내주느라 홀쭉해진 양파는 균형을 잡지 못해 속과 껍질이 겉돌았고, 슬쩍 건드리기만 해도 쓰러질 듯 위태로웠다. 한 몸인 데도 한쪽을 살리기 위해 다른 한쪽은 희생해야 했다. 빛과 그림자가 같은 몸에 공존한다는 모순은 비현실적이리만치 잔인해 보였다. 초록 줄기가 제 몸을 갉아 먹고 자라는 꿈인 것 같아 섬뜩했고, 꿈이 있는 삶과 없는 삶의 차이를 스스로 설득하기도 버거웠다.

양파 어깨에 얹힌 꿈은 차츰 부담스러운 존재가 되어갔다. 희망이 웃자라 느닷없이 현실이 되어버린 양파의 새로운 삶에 숨 돌릴 마음의 틈새가 필요했다. 이쯤에서 없었던 일로 하기에는 공들인 시간이 아깝고 그 짧은 동안 정이 들었는지 마음은 애착으로 끈적거렸다. 푸른 싹을 올리느라 이미 반쯤 비어버린 몸인데 이제 와서 포기하면 그게 더 잔인한 짓 아닌가. 양파 버리기가 아깝다고, 한 인간이 별 생각 없이 저지른 행위가 평온하던 양파 삶을 헤집어 놓은 건 아닐까. 싹이 자라면서 버릴 수도 간직할 수도 없어진 애초의 꿈이 물속에서 허우적거렸다. 간신히 자라던 꿈, 내가 심은 꿈의 싹을 내 손으로 잘라내고 싶지는 않았다. 물컹해진 양파 몸에서 시선을 피하면서도 물을 갈아주는 모순은 계속되었다.

키우려다 잃어버린 꿈이 어디 그것뿐이던가. 크고 작은 꿈이 실현되었을 때의 기쁨과 성취감은 이루 말로 표현하기 어려웠다. 모든 꿈을 다 이룰 수 있는 것은 아니었으나 험난한 과정을 거치고 얻은 것일수록 만족감도 컸다. 최선을 다한 끝에 잠시 맛본 성취감 뒤에는 허탈감이 뒤따랐다. 실현 가능한 줄 알고 한 걸음씩 다가서던 목표가 좌절되었을 때의 위안은, '꿈이 있는 동안은 행복했다'라는 기억이었다. 생의 사막에서 물만큼이나 중요한 양분은 희망과 동일시되는 '꿈'이라는 이름이었다.

양파는 한 생의 평화로운 마무리를 기대하던 중 유리컵에 얹히는 바람에 본능적으로 뿌리를 내렸고, 물속에서의 삶을 한 번 더 살게 된 것이다. 기왕에 일어난 일은 마땅히 그렇게 될 일이었을까. 이제 남은 건 푸른 줄기에 꽃을 피우는 일이었다. 양파 꽃은 아름다웠다. 텃밭에 탁구공만 한 보랏빛 양파 꽃송이가 자태를 드러낼 무렵 유리컵에서는 연둣빛 꽃송이가 여물고 있었다.

물만으로 버티기에는 한계를 느껴 흙의 양분이 필요한 시기가 온 것 같았다. 나는 뿌리내릴 흙을 찾아 양파를 뒷마당 친구들 곁으로 데려가 밭에 심고, 꽃대가 휘지 않도록 버팀대를 꽂아주었다. 물컵이라는 낯선 환경을 극복하여 가까스로 피기 시작한 꽃송이가 터전을 옮기느라 힘들었는지 호흡이 가빠 보였다. 나는 내가 저지른 일이 얼마나 자연의 순리를 거스르는 일인지 깨닫지 못하고 속이 비어버린 양파를 어떻게든 결실을 맺게 도와주려 했다. 그게 얼마나 턱없는 무지였는지. 몰랐다는 말은 변명도 합리화될 수도 없는 것을. 꿈을 이루려고 삶을 뿌리째 옮기는 게 어떤 것인지 뼛속 깊이 체험한 내가 할 일은 아닌 듯했다.

견디는 것만이, 목표를 이루는 것만이 삶의 전부는 아닐 터, 다시 생각할 필요가 있었다. 꽃에 연연하지 말고 쉬어 가자고 속삭였다. 온갖 생명의 요람인 흙이 있고 마음 나눌 친구들이 있으니 괜찮을 거라며, 양파 너머의 나 자신을 다독였다. 실은 타국에서 시작한 나의 늦된 두 번째 꿈, 수필이라는 글쓰기도 너의 두 번째 삶처럼 버겁고 자신이 없었다는 말이 하고 싶었는지 모른다. 나는 나의 꿈에서 얼마나 멀리 와 있는가. 아니 얼마나 가까이 와 있는가.

작은 생선 굽듯이

잠을 깨니 햇살 가득한 아침이다. 김이 오르는 커피 한 잔을 들고, 통 유리문으로 뒷마당이 내다보이는 식탁 의자에 자리 잡고 앉는다. 어제까지 눈 폭풍 몰아치며 폭설이 쏟아진 게 맞나 싶을 정도로 화창한 날씨다. 내 허벅지까지 쌓인 뒷마당 눈은 동물 발자국 하나 없이 고고한 흰빛을 반사하고 있다. 햇빛에 눈이 시려 블라인드를 칠까 하고 일어서는데, 바닥에 놓인 여남은 화분 중 하나가 시선을 끈다.

맨 끝자리에 놓인 채송화다. 키가 반 뼘이나 될까 싶은 앙증맞은 채송화가 놀랍게도 한겨울에 꽃을 피웠다. 빨간 꽃 한 송이와 하얀 꽃 두 송이. 잎은 오동통하지만 꽃잎은 너무 여려서 만지기도 조심스럽다. 나는 해준 것도 없는데 귀한 겨울 채송화 꽃을 그냥 받아도 되는지. 햇빛 잘 드는 곳을 골라 손타지 않도록 가만두고 물이나 가끔 주면서 지켜본 것이 전부인데. 어쩌면 별로 해준 게 없어서 제 마음 내키는 대로 한겨울에 꽃을 피웠는지도 모르겠다.

오래전 학교에서 근무할 때 생각이 난다. 식물을 키우려면 마음껏 자랄 수 있는 기본 환경만 갖춰주고 지켜보는 것이 최선이듯이, 학급에서는 학생들이 능력을 발휘할 수 있는 여건을 만들어주고 교사는 잠시 비켜서는 것이 필요하다. 아마 부모 역할도 크게 다르지 않을 것이다. 절실할 때 돕는 것으로 충분하다. 지나치거나 시시콜콜 간섭하면 오히려 해가 된다. 알면서도 조바심하던 기억이 고개를 든다. 교육에서 무위(無爲)란 스스로 생각하고 행동하며 성장할 수 있도록 거리를 두고 세심히 살피는 일임을 알지만 어디 뜻대로 되던가.

어떤 일은 궁극의 무위가 답인 경우도 있다. 뭘 어떻게 하기보다는 그대로 잠시 놓아두고 보살피는 일을 말한다. 놓아둠의 미학이라고 할까. 때로는 '나'의 잣대를 들이대지 않고 시간의 흐름에 상황을 맡기는 것이 순리일 수 있다. 삶에서 순리는 호락호락하거나 부드럽지만은 않다. 정말 그게 순리일까 싶으리만치 잔혹할 때도 있다. 어설픈 생각이나 힘을 행사하지 말고 마땅히 되어가는 도리에 따르는 것이 순리라고 말한다.

저녁 반찬으로 생선을 굽는다. 생선 냄새가 온 집안에 진동한다. 이제는 늙어서 일할 나이가 지난 환풍기도 나름 열심히 날개를 돌려 공기를 바꾸면서 덜커덩거리는 소리를 애써 참는다. 작은 조기 몇 마리를 에어프라이어로 구울까 하다가 재래식 구이에 막연한 향수를 느껴 프라이팬을 꺼냈다. 크지도 않은 생선을 뒤적거리면 상처가 나거나 살점이 뭉그러질세라 불을 낮추고 잠시 무위의 여유를 맛본다. 생선 구울 때 무위란 함부로 뒤집지 않는 것이리라 짐작하면서도 손이 가만히 있질 못한다. 괜스레 마음이 들썩거리면서 내 손은 덜 익은 생선들을 자꾸 뒤집고 싶어 한다. 가만두는 일이 오히려 생선을 제대로 익힌다는 아이러니를 이해하지 못하여 그럴 것이다.

생선을 굽는 동안 부엌이라는 공간에서 생선과 단둘이 독대하며 시간을 함께한다. 바다 냄새를 공유하며 그저 지켜보다가 때가 되면 한 번쯤 뒤집어서 고루 익었을 때 꺼내는 단순한 일인데 생각만큼 단순하지가 않다. 조급해서인지 자신이 없어서인지, 손이 뇌의 명령을 따르지 않고 어서 뒤집어야 한다고 으른다. 기다리는 시간은 더디 가게 마련이다. 상상력이 불안을 부르자 생선보다 다급해진 내 마음이 먼저 타 들어간다. 순간, 뇌가 말릴 겨를도 없이 손이 제멋대로 나서서 기어이 생선을 뒤집고 만다. 뒤적거린 생선 몸에서 떨어져 나온 살점들이 껍질과 하나가 되어 프라이팬에 도배된다. 내 마음대로 안 되는 게 어디 이것뿐일까.

인간관계에서 미학적 거리가 필요하듯이 세상만사 적절한 거리를 지켜야 원만하다. 이루어지는 과정을 한 걸음 물러나 묵묵히 지켜보는 것은 때로 답답하고 안쓰럽지만 지혜로운 인내이기도 하다. 나는 눌어붙은 조기 껍질을 긁어모아, 버린다는 의식도 없이 쓰레기통에 넣는다. 오늘처럼 무지해서 일을 망치고도 태연스럽게 지나온 적이 얼마나 될까. 알맞은 거리두기와 제때를 알지 못한 성급한 개입으로 타자를 돕는 일은 어리석음을 넘어 해를 끼칠 수도 있음을 배운다.

젊은 시절, 아이들이 간절하게 원하기도 전에 손에 쥐여 주고 싶어 몸이 달아오르곤 했다. 누구도 나비가 되어 날 수 있지만 누구나 고치를 뚫고 나올 수 있는 건 아니다. 자기 힘으로 허물을 벗고 나와야 튼튼한 날개로 비상할 수 있다는 것을 모르지 않았어도, 머리로 아는 것과 실천하는 것은 다른 문제였다. 무위(無爲)는 단어의 뜻 그대로 '아무것도 하지 않는다.'라는 말이기도 하지만, 아무것도 안 하고 내버려두는 무관심이 아니다. 세심히 살펴 자연스럽게 흐를 수 있도록 멀리서 덕을 베푸는 것, 나서지 않으면서 긍정적인 영향을 미친다는 의미를 함축한다.

생선이 자글거리며 익고 있다. 이제 뒤집어줄 때인가. 〈도덕경〉에서 무위란 요동치는 세상을 헤쳐가기 위한 '어떻게'와 '언제'를 알려주는 지혜인지 모른다. 그건 실제로 생선을 굽거나 채송화 꽃을 피우는 것처럼 아무나 할 수 있는 일은 아니다. 스스로 지혜로운 인품을 갖추는 게 우선이라는 숨은 뜻을 나는 이제 이해하는가.

눈을 앞세워 오는 봄

봄이 되려던 3월을 견디지 못하고 떠난 사람들이 있다. 김동환의 시 〈강이 풀리면〉을 가곡으로 듣다 보면 그들이 생각난다.

강이 풀리면 배가 오겠지
배가 오면은 임도 오겠지
임은 안 타도 편지야 탔겠지
오늘도 강가서 기다리다 가노라….

겹겹이 둘러싸고 있던 추위를 한 꺼풀 벗겨낸다고 봄이 오는가. 봄꽃을 보려면 양파를 벗기듯 싫어도 날짜를 차례로 걷어내야 한다. 내가 태어난 3월은 따스한 봄이라는 선입견과는 달리 여전히 겨울 쪽에 발을 담근 차가운 달이다.

내 생일을 사흘 앞두고 아버지는 영영 내 곁을 떠나셨다. 발인(發

靷)이 있던 날, 마치 한겨울인 양 눈이 쏟아지는 바람에, 세상에 남겨져 한데서 제상(祭床)을 차려 의례를 행하는 이들은 마음보다 몸이 먼저 얼었다. 살을 에는 듯한 삭풍이 홑적삼 상복을 비집고 들어오자 나는 절을 올려 이별하는 그 잠깐도 견딜 수 없이 추웠고 이를 딱딱 부딪친다는 표현이 이런 거였구나 하며 몸서리를 쳤다. 추위는 슬픔보다 강하고 배고픔보다도 집요했으며 모든 것을 내려놓고 돌아선 망자에게조차 무례했다. 담요 한 장만 준다면 영혼도 내주고 싶을 정도로 떨렸고 염치없게도 따뜻한 곳 생각만 간절했다.

내게 어떤 아버지였는데, 이러고도 내가 사람인가 하며 얼어붙는 눈물을 삼켰다. 덜덜 떨면서 의연한 척이라도 하고 싶어 의식적으로 극기라는 단어를 떠올려 보았다. 고통 속에 체득되는 것이라고 막연하게 이해하던 극기라는 추상어가 현실로 다가오자, 의지로 이겨내기보다는 외려 도망치고 싶었다. 강추위 속에 몰아치던 그날의 눈발은 영구차를 맴돌며 녹지도 쌓이지도 못했다. 눈은 하늘을 휘저으며 광란의 춤을 추었고, 나는 진저리 치면서도 연신 죄책감에 시달렸다. 추위가 영원히 계속될 것처럼 하늘에서는 쉬지 않고 차가운 흰빛을 쏟아냈다. 그해 그렇게 얼어버린 3월은 몇 년 동안 내 가슴에서 녹을 줄 몰랐다.

3월이 여러 번 다녀가면서 얼었던 마음이 조금씩 풀렸고 언제부턴가 나는 봄을 기다리게 되었다. 개나리와 진달래를 봄을 알리는 꽃이라고 배우며 자랐는데 내가 살고 있는 캐나다에서는 진달래는 보기 어렵고 개나리도 한국에서 개화 소식을 듣고 달포쯤 기다려야 했다. 개나리와 목련이 피었다 지고 연둣빛 훈훈한 바람이 불어야 비로소 계절이 바뀐 것을 몸으로 느낄 수 있었다. 헐벗은 나뭇가지에 찬 바람 부는 3월생인데도 숫자를 앞세워 봄에 태어났다고 할 수 있을까. 나는 태어난 계절을 물으면 춥던 기억 때문에 겨울인지 봄인지 선뜻 답하지 못하고 머뭇거렸다.

내 친구, K 선생이 떠난 계절도 눈이 녹기 전이었다. K는 내 직장 동료였다. 어린아이를 둔 또래 교사 몇몇이 둘러앉아, 도시락을 먹기보다는 이야기에 빠져 짧은 점심시간을 아쉬워하곤 하던 시절. 우리는 아들, 딸이 겨우 걷기 시작할 때부터 초등학교 들어갈 여덟 살 무렵까지 매주 일요일이면 대학로에 모여 어린이 연극과 뮤지컬 공연을 보고 커피를 마시는 젊은 엄마로 살았다.

당시의 학교 체제는 지금과는 달리 쌍방 소통이 어려운 분위기였다. 교과를 가르치는 일 이외에는 의심 없이 따르고 비판 없이 일해야 인정받는 시류의 영향력 아래 있었다. K는 제 목소리를 내며 자기 자신으로 살고 싶어 하는 몇 안 되는 교사 축에 속했다. 논리가 정연하고 주체 의식이 뚜렷한 사람이었다. 그때나 지금이나 수직으로 움직이는 단체에서 분명하게 제 목소리를 낸다는 건 쉽지 않은 일이다.

국어 교사인 그녀와 독서를 좋아하여 책 속에 묻혀 살던 나는 자연스럽게 가까워졌다. 같은 색깔의 언어로 말하고 삶의 결이 같던 그녀와 나는 오래 감추었던 옛 비밀도 꺼내어 공유할 만큼 깊은 마음을 나누었다. 내가 이민 간다고 이십 년 넘게 근무하던 학교를 그만둘 때 아깝다며 제일 마음 아파하던 그녀. 내가 첫 수필집을 냈을 때 그는 자기 일보다 더 기뻐했다. 먼 타국 땅에 있지만 글 쓰는 작가가 되었으니 자랑스럽다고, 부럽다며 격려를 아끼지 않던 친구였다.

두 번째 수필집을 전하려 할 때 이미 그녀는 나와 같은 하늘 아래 없었다. 그걸 나만 모르고 있었다. 친구들은 그 사실을 교묘히 감추다가 삼 년이 지난 어느 날에야 연락을 해왔다. 가장 가깝게 지내던 내가 이제는 감정을 스스로 다스릴 수 있을 것 같아 알리기로 했다며 세월만큼이나 미안해했다. 그러나 상실감이란, 아무리 오랜 시간이 지나도 삭이지 못하는 단어일 수 있다는 걸 그들은 잠시 잊고 있었던 듯했다.

이별 후에 통과의례처럼 겪게 되는 후회와 통한의 시간은 한겨울 얼음덩이만큼이나 단단하고 무겁다. 피할 수 없는 것이 만남과 이별인 것을. 영원한 만남도 영원한 이별도 없다는 것을 기억하며 시간의 무게를 견뎌야 하는 섭리가 절망의 역설 같아 두렵다. 그녀와 못다 한 시간을 기억하는 밤은 여전히 빛을 잃고 하얗게 서성인다. 3

월이 온다. 어쩌자고 3월은 또 눈을 앞세워 오는지. 마음이 녹으면 아버지도 친구도 녹아 없어질 것만 같아, 꽝꽝 언 채로 견디겠다고 다짐하던 게 어제 같건마는.

'강이 풀리면 배가 오겠지… 임은 안 타도 편지야 탔겠지', 음악이 된 시(詩)가 눈 내리는 봄날의 밤하늘을 조용히 흔든다.

우정의 그림자

인간관계가 어그러졌을 때 진정한 용서나 화해가 가능한가. 복잡한 인생사, 눙치며 웃고 지나는 농담 같은 것 아닌가 하면서도, 무심해지는 일이 용서하는 일만큼이나 어렵다는 말에 공감한다. 나는 용서를, '꾸짖거나 벌하지 않는 것'이라는 사전적 정의에 부분적으로만 동의한다. 단지 복수를 하지 않거나 벌하지 않는다고 용서했다고 할 수 있을까? 없던 일로 하자며 가볍게 지나갈 수도 있겠으나, 뼈아픈 상처를 입은 경우라면 쉽지 않다. 그래서 온전한 용서는 신의 영역이라 하는지도 모르겠다.

'용서란 복수의 욕구를 놓아버리는 것이고 마음을 잡고 늘어지는 분노와 증오에서 벗어나는 것이다.'

심리학자 마이클 맥클로프의 말이다.

‘왜 나한테 이런 일이 일어났을까?’ 절망과 고통 속에서 길을 잃어 막막할 때 먼저 떠오르는 의문이다. 의도적으로 그 문장에서 ‘왜 나한테’라는 단어를 지워보자. 그러고 나면 ‘이런 일이 일어났다.’라는 사실만 남는다. 핵심을 남기는 것이다. 조각가는 산 같은 바위를 쪼아내고 깎아내며 불필요한 것들을 먼지 한 톨 없이 버려야 진수만 남은 형상을 건질 수 있다고 한다. 그렇듯, 어떤 문제가 일어났을 때 그것을 둘러싼 부수적인 감정이나 개인적인 판단을 지워야 본질인 뼈대가 남는다. 이미 일어난 일은 일어난 일, 누구 탓도 아니고 돌이킬 수도 없다.

이유를 안다고 해결되는 일은 생각만큼 많지 않고 똑같은 일이 거듭 일어나는 경우도 드물다. 자기는 예외일 수 있다는 생각은 상황을 좁은 골목으로 몰아간다. 세상은 누구에게도 무슨 일도 일어날 수 있다는 것을 받아들이면 잠시 숨을 돌릴 수 있다. 물론 어떤 경우에도 예외는 있지만 그저 일이 일어났다는 사실을 자각하면 해야 할 일이 보인다. ‘어떻게’가 보이는 것이다. 그 ‘어떻게’를 구체적으로 얻기 위해 실재하는 공간을 바꾸어 본다. 나만의 동굴에 칩거하거나 여행을 떠나거나, 문제가 된 사람과 거리를 늘여보는 것도 방법이다. 그렇게 문제를 풀던 기억이, 주머니 속에서 가끔 꺼내 보는 농담처럼 부드럽게 내 곁을 지킨다.

우주라는 차원에서 보면, 아무리 오래 묵은 인연이라 해도 잠시 만났다가 헤어지는 정도에 불과하다. 길든 짧든 언젠가는 헤어지는 게 인연이다. 헤어짐이 안타까워도 포기하고 끊어야 할 관계가 있고, 진저리 치게 싫어도 손이 아프도록 잡고 끝까지 가야 하는 인연도 있다. 햇빛 쏟아지고 눈비 내리고 바람 불듯이, 인생의 날씨도 변화무쌍하다. 땡볕 내리쬐면 땀 흘리고, 비 내리면 젖을 수밖에 없다. 위대한 경지에 이른 사람들의 삶이라고 해서 예외일까. 그렇지도 않은 것 같다.

세기의 화가와 작가로 알려진 폴 세잔과 에밀 졸라 두 사람의 우정은 깊고도 단단했다. 건장한 친구는 괴롭힘을 당하던 병약한 친구를 도왔고, 도움받은 친구는 그 보답으로 사과를 선물하곤 했다. 그들에게 사과는 우정의 다른 이름이었고 사과는 세잔의 그림에 등장했다. 세월이 흘러 세잔의 사과 그림은 불후의 명작이 되었다. 그러나 미술과 문학이라는 각기 다른 분야에서 거장으로 우뚝 선 그들의 30년 우정은 한순간에 금이 갔고 회복할 수 없는 결별로 이어졌다. 세간에는 졸라가 자기 소설 〈작품〉에서 드러내놓고 세잔을 열패한 예술가로 표현했기 때문이라고 알려졌지만, 속내의 진심은 알 수 없다. 가난한 청년 작가 졸라는 세잔의 우정 덕분에 주목받는 작가로 성공한 반면, 아버지의 반대를 무릅쓰고 화가의 길을 걷게 된 부유한 무명 화가 세잔은 절친한 친구인 졸라에게조차 자기 작품을 인정받지 못하자 우울증을 앓기도 했다. 두 사람 다 너무 솔직한 게 문제였을까. 가까운 관계라 해도 현실에서나 문학에서나 심리적 간극은 존재한다. 경제적인 도움을 받든 육체적 혹은 정신적인 도움을 받든, 관계의 불균형에서 빚어진 오해나 열등감을 극복하기가 그만큼 쉽지 않다는 의미이다.

긴 세월 동안 알아 온 사람이 느닷없이 낯선 표정을 드러낼 때처럼 당황스러운 일도 없을 것이다. 인간의 얼굴은 하도 복잡하여 아무리 오래된 관계에서도 모호할 수 있다. 하지만 자연이 하는 말은 직설적이지 않지만 모호하지는 않아서, 자꾸 듣다 보면 그 부드러운 은유를 이해할 수 있을 것 같다. 마음이 시끄러울 때 숲을 찾게 되는 이유다. 같은 방향을 보며 나란히 걷는다고 믿던 사이인데, 어느 순간 정 반대 방향으로 돌아서기도 한다는 날카로운 현실이 고양이 발톱처럼 삶을 파고들면 양쪽 다 돌이킬 수 없는 상처를 입을 수 있다. 상처는 아물지 몰라도 흉터는 남는다.

결국 그들은 자기들이 성장한 엑상프로방스 마을에 있는 기차역 양쪽 출구에 따로따로 이름이 새겨졌다고 한다. 한쪽 출구에는 폴 세잔, 등지고 서 있는 반대편 출구에는 에밀 졸라. 죽어서도 화해할 수 없던 그들의 우정이지만, 살아서 반쪽짜리 사과라도 있었다면 달라졌을까. 빛바랜 희망이 허공에서 흔들린다. 어쩌면 그들은 다친 자존심과 자존감을 끝내 스스로 회복하지 못했는지 모른다.

숲길을 걷다가 올려다본 하늘에 사과나무 홀로 외롭다. 몇 알 남지 않은 사과는 잘아도 붉디붉다. 사과를 바라보던 시선이 문득 세잔과 졸라의 삶에 가 닿는다. 한때 아름답던 우정이 덧없다. 상징적인 화해마저 용납할 수 없던 우정이 가을 하늘에 흩어지는 낙엽만큼이나 쓸쓸하다. 세상에는 변하지 않아서 아름다운 것도 있거늘.

꼬리곰탕 끓이던 날

소꼬리를 찬물에 담근 지 얼마 지나지 않아 물색이 붉어진다. 바닥에 가라앉은 물은 진한 붉은색이어서 물속에 잠긴 꽃잎처럼 보인다. 새 물로 갈아주려고 핏물을 따라내니 고여 있던 시간이 흩어지듯 붉은 꽃잎들도 사라진다.

핏물 뺀 꼬리 토막을 건져서 끓는 물에 넣는다. 애벌로 슬쩍 삶아내면 누린내나 잡내가 국물에 배는 것을 막을 수 있다. 단박에 일을 처리하지 못하는 성격이어서 그런지, 일을 할 때마다 당연한 듯 애벌 작업을 한다. 자신이 없어서인지 잘하고 싶다는 욕심 때문인지. 아니면, 예측하기 어려운 불확실한 세상일에 조금이라도 덜 실패하기 위한 일종의 자기방어인지도 모르겠다.

물이 부글거리고 끓기 시작하면서 누런 기름이 뜨고 갈색 기포가 곰솥 가장자리에 띠처럼 둘러싸인다. 불을 끄고 탁해진 물을 버리는데 기름과 거품이 한데 섞여 쏟아져 내려간다. 담백한 진국을 만들고 싶어 잡스러운 것들을 말끔히 따라내니 마음도 개운하다.

건더기를 건져서 맑은 물에 담는다. 끓는 물에서 갑자기 찬물로 들어갈 줄 몰랐는지 살덩이와 힘줄이 팽팽하게 긴장한다. 그 단단한 촉감이 내 몸으로 전이되면서, 차갑고 뜨겁게 지내던 기억의 단편들이 쏟아져 나온다. 머리 역할을 맡았을 때는 무거운 책임감으로 늘 긴장해야 했고, 꼬리 역할을 할 때도 생각만큼 편하지만은 않았다. 속도를 내는 물고기 꼬리도 아니고, 강아지처럼 꼬리로 감정 표현을 할 수도 없고, 무게중심 잡는다는 고양이 꼬리도 아닌, 있어도 그만 없어도 그만 그저 매달려 있는 듯한 제 꼬리의 존재 의미를 소는 알고 있었을까. 내가 모르는 그것만의 역할이 있겠지만, 다른 동물의 꼬리와는 달리 굼떠 보이기는 해도 여유가 느껴진다. 그 여유로움으로 삶의 맛이 웅숭깊을 수 있다는 걸 송아지 시절에는 몰랐으리라.

꼬리가 소 꽁무니에 매달려 빈둥거리며 시간을 허비하는 것으로 보여도 그렇지는 않다. 진종일 노역 끝에 잠시 쉬는 동안 연신 들러붙어 귀찮게 하는 파리나 온갖 해충을 꼬리로 휘둘러서 떨쳐버리는 쾌감도 맛보았을 것이다. 태어나는 환경을 선택할 수 없는 것처럼, 소머리가 되느냐 꼬리가 되느냐 문제는 자기 의지로 택하는 일이 아니다. 운명처럼 던져진 자기 역할을 겨우 알만 하니, 이승의 꽃은 이미 폈다가 졌고 소의 삶도 끝자락을 향했는지 모른다. 나 또한 머리로 살았든 꼬리로 살았든, 크고 작은 경험의 기억들만 마음에 지

문처럼 남았다.

국물이 기세 좋게 끓고 있다. 뚜껑을 열자, 안쪽에 잔뜩 맺혀있던 물방울이 주르륵 흘러내린다. 진한 국물을 우려내느라 흘린 땀방울 같다. 한평생 뭘 하고 살았느냐고 끓던 물이 묻자, 꼬리는 얼른 대답을 찾지 못한다. 시간 들여 뭉근하게 끓고 나면 진국이 될 거라고 왜 헛기침 한번 못 하는지. 한 시간이 지났는데도 여전히 기름과 찌꺼기가 떠오르며 기포 사이를 맴돈다. 아직도 삭이지 못한 원망이 남았는지 부글거리며 끓어오른 것들을 국자로 떠내니 이제야 국물이 맑다. 홀가분해진 모양이다. 원망이나 서운함은 자기만의 문제일 수 있다. 상대방은 그런 일이 있었는지조차 모르는 경우도 허다하니까.

부엌에는 국물 색을 예고하는 하얀 수증기가 마치 안개같이 포진해 있다. 열기와 시간이 뿜어낸 거친 숨결의 집적일까. 눈앞이 불투명할 때는 멈춰 서서 기다려야 하고, 기다리는 시간을 견뎌야 원하는 것을 얻을 수 있다. 그 말을 증명이라도 하듯, 한참 기다린 끝에 김이 걷히면서 비워진 자리에 구수한 냄새가 들어찬다. 먼 기억 속의 공간에 진동하던 냄새인지 현실의 부엌에 밴 냄새인지 분간하기는 어려워도 색깔과 냄새가 조화를 이루기 시작한다. 조화를 이룰 때 삶은 아름답고 편안하다.

색깔이 기억을 불러오기도 하는가. 나는 어릴 적에 먹던 진국 색을 닮아가는 곰탕 국물에서 꽤 오랫동안 잊고 지내던 아버지를 기억해 냈다. 아버지는 곰국을 좋아하셨다. 마당 뒤편에 커다란 곰솥을 걸고 장작불을 때어 곰국을 끓였다. 장작 타는 매캐함과 곰국 끓이는 구수한 냄새가 바깥에서 놀던 아이들을 뒤꼍으로 불러 모으곤 했는데, 국물은 늘 한 가지 색이었다. 사골국물도, 꼬리곰탕도, 내장탕도. 그 시절의 국물 빛이 내 기억에 머물고 있는지 나는 곰국 끓일 때면 국물 색깔에 연연한다. 처음 끓인 국물에서는 맛이 나오고 두 번째 국물에서는 뽀얀 색깔이 나온다고, 그래서 두어 번 끓이면 맛과 색이 좋은 거라고 일러주셨다.

자잘한 구멍 뚫린 크고 작은 꼬리뼈에 말캉한 살이 붙어 있다. 진한 국물을 만들던 시간의 결정체인가. 이국의 지친 삶을 어루만지고 헛헛한 마음을 달래기에는 내 나라 음식만 한 것도 없다. 어느새 머리에 흰 서리가 내리기 시작한 남편이 식탁에 와 앉더니 국물부터 한술 뜬다.

"국물 참 좋다! 진국이네!"

얼마나 듣고 싶던 말인가. 큼지막한 국대접에 건더기와 국물을 담으면서 곰솥을 들여다보니 뽀얀 국물이 가득하다. 오래전 곰국 끓이던 아버지를 만난 듯 반가워 잠시 울컥한다. 김 서린 틈새로, 지나온 세월이 보이는 듯하다. 꼬리로 살았든 머리로 살았든 묵묵히 견디며 함께 걸어온 깊은 세월이 언제 왔는지 곁에 와 있다.

엄마네 집

문을 여니 접힌 채 벽에 기대어 있는 휠체어가 먼저 눈에 들어왔다. 나는 익숙한 광경인데도 마음이 흔들려서 얼른 문을 닫지 못했다. 복잡한 시선을 거두고 밖에 있던 트렁크를 들여놓으려는데, 어린이 키 정도로 줄어든 엄마가 현관문을 붙들고 위태롭게 서 있었다. 사위와 딸을 구별하지 못하는 엄마를 위해 나는 키를 낮춰 엄마를 부둥켜안았고, 엄마는 안긴 채 한참을 가만히 계셨다. 엄마 살냄새를 맡으며 침묵 속에 이루어진 모녀의 상봉은 떨어져 지낸 세월만큼 길었다. 이제 사람 얼굴도 잘 인식하지 못하는 엄마는 이역만리에서 찾아온 딸을 목소리로 만나야 했다.

철 지난 바닷가처럼 쓸쓸한 집안에는 여기저기 놓인 자질구레한 물건이 많았다. 얼핏 보기에는 거저 준다 해도 가져가지 않을 잡동사니들이지만, 말없이 엄마 곁을 지켜온 소중한 파수꾼들이었다. 언제부터인가 엄마 집에는 애초에 놓였던 자리에서 물건을 옮기면 안

된다는 불문율이 존재했다. 엄마는 모양이 아닌 위치로 사물을 기억하시기 때문이었다. 시력을 잃어감에 따라 제자리를 지켜야 할 물건 가짓수도 늘어났다. 식탁 위의 머그잔이나 휴지, 거실 탁자에 놓인 굵은 매직펜이나 수첩, TV 리모컨처럼 작은 것일수록 원위치를 지켜야 했고, 그 작은 것들은 엄마만 아는 기호로 자리매김하고 있었다.

은유로 가득한 사물들의 언어는 밖에서도 속살이 들여다보일 만큼 투명했다. 인간의 언어가 때로 얼마나 본질을 굴절시키고 왜곡하는지 감안하면, 시간 속 흐름을 조용히 지켜보던 사물들이 어쩌면 순간의 감정 표현에 더 진솔할지 모른다. 이미 오래전에 멈춰버린 엄마의 재봉틀에서는 체념 어린 아쉬움이 짙게 배어 나왔고, 주인 잃은 아버지 전용 의자에는 묵은 그리움이 자라고 있었다. 엄마의 동선을 따라가며 설치된 기다란 손잡이들은 엄마의 하루가 얼마나 불안정한지 적나라하게 보여주었으며, 전등마다 씌워진 눈부심 방지 덮개는 꺼져가는 시력의 절박함을 일깨우며 경고하는 것 같았다.

흰 바탕에 굵직한 검정 숫자로 채워진 벽시계들은 엄마의 시간이 얼마 남지 않았음을 주지시키려는 듯 벽면마다 걸려있었고, 기나긴 세월 걸어온 늙은 시곗바늘의 발걸음은 더디고 무거웠다. 바쁠 일 없는 집안에 시계가 많다는 건 무엇을 의미할까. 시간이 데리러 오면 가는 거지 별 수 있겠냐며 겉으로는 담담한 척하면서도, 엄마는 오는 시간이 두려운지 모른다. 아니, 다가오는 시간보다 사라지는 시간이 더 두려울까. 그러나 정작 시계는 바늘을 움직여 앞으로 나아갈 뿐 시간에는 무심한 듯했다.

언제 와도 내 몸을 아무 조건 없이 반겨주는 공간, 우리 집이라고 부르던 곳에 내가 있다. 얼마나 오래된 기억이 머무는 공간인가. 베란다에는 매일 찾아오는 오후의 햇살이 태연하게 다녀가고 소파 팔걸이의 마모된 모서리에서는 애써 들으려 하지 않아도 묵은 소리들이 흘러나왔다. 나는 잃어버린 시간을 찾으려는 사람처럼 두리번거리다가 어느 한 곳에 눈길을 멈추었다. 거실 벽면 한쪽을 차지하는 가족사진에 3대가 모여 웃음 짓고 있었다. 엄마 아버지, 그 자식과 손주들이 모여서 자연스럽게 보이려고 외려 어색한 포즈를 취하던 시간. 사진 속 빈 틈서리마다 숨어있던 기억들이 한꺼번에 몰려나오자 미처 예비하지 못한 내 몸이 휘청거렸다. 그때로 돌아가고 싶으냐고 묻는다면 답은 "아니요."일 거면서도, 밑동째 잘려도 뿌리만 있으면 올라오는 그리움은 어쩌지 못하겠다. 수정이나 첨삭이 가능하다면 모를까, 같은 삶을 되풀이하고 싶지는 않으면서도 사진 속 시간은 그리웠다.

가장으로서 중심을 잡으려는지 한가운데 앉아 계신 아버지. 오래전에 생의 문을 닫고 떠난 분인데도 가족사진 속에서는 힘이 센 황소 같기도 하고 자비로운 노승 같기도 한 묘한 기운의 아우라를 뿜어냈다. 단지 눈앞에서 사라졌다는 이유로 부재한다고 여기고 무심코 살았지만, 그와의 기억을 떠올리면 존재감을 되찾고 금방이라도 걸어 나올 것만 같았다. 긴 울림으로 남은 그의 부성애는 나의 일상에 무시로 찾아와, 밤이면 꿈이라는 허상의 영역에 발을 들여놓곤 했다. 현실의 경계를 넘은 꿈속에서 그를 기다리던 일이 이제는 정말인가 싶게 멀어졌건마는.

상념에 젖어 있던 나를 깨어나게 한 건 뜻밖의 소리였다. 조용하다 못해 적막하던 집안인데 등 뒤에서 쉭쉭 거리는 소리에 돌아보니 압력밥솥이 증기를 배출하고 있었다. 거칠고도 우렁찬 숨소리였다. 이 집안에 노모 말고도 살아 숨 쉬는 생명체가 있는 것 같아 반가웠다. 살아있는 건 또 있었다. 습관처럼 TV를 켜놓아 안방에서 들려오는 말소리 웃음소리에 사람 사는 집 같았다. 시계를 조금만 거꾸로 돌려도 쏟아져 나올 듯한 낯익은 식구들 목소리로 집안을 채우고 싶은 노모의 절절한 소망 같아 다시금 마음이 아렸다.

가족이라는 이름으로 둥지를 틀었던 우리 집. 시간과 추억이 머물던 공간이다. 보이지 않는 질박한 인연의 끈으로 묶여 있던 식구들이 하나씩 제 갈 길 가고, 97년이라는 엄마의 긴 생을 베고 누운 낡은 세월만 남았다. 손가락 하나만 잘못 건드려도 먼지처럼 흩어져버릴 것 같은 엄마의 냄새와 흔적 가득한 이 공간이, 조금만 더 그대로 머물러 주면 좋겠다. 어떤 공간은 거기에 그대로 있다는 것만으로도 그리움이고, 조용한 위로다. 그리고 많은 것을 함축한 무언의 약속이다.

c h a p t e r — 3

저무는 날의 위로

며느리의 앞치마

얘들아, 내가 엊그제 '1982년생 김지영'이라는 영화를 봤단다. 30대 중반으로 살아가는 대한민국 여성의 현주소를 낱낱이 들춰낸 영화이고 작가 자신의 이야기를 녹여냈다는 평에 솔깃했어. 전통이라는 미명으로 여성을 옥죄던 것들을 조금은 새로운 시각으로 관찰하고 싶기도 했을 거야.

어쩌면 주인공이 내 며느리와 같은 세대를 살고 있어 더 관심이 쏠렸는지도 모르겠구나. 어린아이를 둔 엄마로, 딸이나 며느리로, 친정어머니나 시어머니로, 그리고 직장인으로서의 그들. 내 과거와 현재를 투영한 듯한 모습을 한 발짝 떨어져서 보고 싶었다고 할까. 그렇게 객관적인 입장에서 바라보니 더 공감 가는 부분이 많더라. 직장 여성으로서 겪는 어려움은 익히 알고 있었지만, 자기가 하고 싶은 바깥일을 못 하고 전업주부로 사는 애환을 좀 더 깊이 들여다 보게 됐지.

내 이야기를 좀 해 볼까? 내가 며느리로서 맞은 첫 명절날, 시댁에 들어서자마자 현관에 나온 식구들은 인사 나누기가 바쁘게 모두 안방으로 들어가더구나. 그들과 함께 들어가는 남편 뒷모습을 보면서 나는 겉옷만 벗어 거실 소파에 걸쳐놓고 어머니를 따라 부엌으로 향했어. 그럴 줄 알았으면서도, 안방에서 들려오는 왁자한 소리에 나는 부엌에서 소외감 아닌 소외감을 느꼈단다.

영화에서 여주인공 지영이도 명절에 시댁에 가지. 부엌에 들어서는 며느리에게 시어머니가 앞치마를 선물하자 지영은 묘한 웃음으로 감사를 표하더구나. 고부가 색깔과 모양이 똑같은 앞치마를 두르고 함께 부엌일을 하는 장면에 나는 어어? 싶었고 다음 장면이 궁금했어. 하지만 얼마 지나지 않아 시어머니는 앞치마를 벗고 식구들이 모인 안방에 합류하고 부엌이라는 외딴 섬엔 며느리만 남더라. 한번 입은 며느리의 앞치마는 시댁을 떠날 때까지 지영의 몸을 잠시도 벗어나지 못했지.

나는 시어머니와 어땠느냐고? 단둘이 있는 부엌이라는 공간에 익숙해지기까지 오랜 시간이 필요했어. 어머니도 나도 말이 없는 성격이라 부엌은 마치 무성영화처럼 조용한 손놀림만 가득했거든. 늘 밑준비를 해 놓으신 음식을 데워서 상 차리는 정도밖에 내가 할 일은 없었어. 별로 할 것도 없다며 혼자 묵묵히 일하시는 등 뒤에서, 어려워서 말도 못 붙이던 내가 어느 날 보니 시어머니가 돼 있더구나.

8년 후에 동서가 들어왔어. 그때부터는 부엌에서의 시간을 나름 즐길 수 있었지. 부엌 바닥에 앉아 전을 부치고 고기를 굽고 함께 일하면서 공감대가 형성되었고, 며느리끼리 소곤거리며 은밀한 유대감을 나누던 시간이었어. 그 후로는 시댁이라는 중력을 그다지 실감하지 못한 것 같아. 글쎄, 나이 들며 조금씩 너그러워진 덕일 수도 있고 내 마음가짐이 변하면서 생긴 여유일 수도 있겠지. 그러니까 처음에 내가 느꼈던 소외감은, 부엌이라는 공간 때문도 아니고 혼자 일하던 시간 때문도 아니었던 것 같아.

영화를 보면서 내 며느리를 떠올리게 되더구나. 며늘아기가 음식을 해올 때도 있지만 나도 우리 시어머니처럼 아이들이 오기 전에 몇 가지 음식을 준비해 놓곤 하지. 식사 후에 다 같이 차 마시며 이야기 나누다가 남편과 내가 손자들과 노는 동안 부엌에서 며느리와 아들이 그릇 정리하고 갖고 갈 음식을 챙기곤 한단다. 우리 며느리도 직장에 다니다가 첫 아이 낳으면서 휴직했고, 이듬해에 둘째가 태어나면서 집에 남기로 했거든. 아이들이 웬만큼 클 때까지 엄마가 키우는 게 바람직하다며 내린 결정이었지. 모성이 대견하면서도 마음이 아렸어. 집안일도 육아도 바깥일 못지않게 보람 있고 성취감을 맛보는 일이지만, 직장 일과 병행할 수 없으니 결정이 쉽지는 않았을 거야. 며느리가 성격이 쾌활하고 명랑해서 서운한 게 있었는지는 잘 모르겠어. 우리 며느리도 지영이처럼 자기 일을 계속하지 못한데 대해 겉으로 표현하지 못하는 서운함이 있는 건 아닌지 속마음을 살피게 되더라.

나는 친정어머니 덕에 교직 생활을 오랫동안 계속할 수 있었어. 어머니의 헌신이 아니었으면 나 또한 전업주부로 영화 속 지영이와 비슷한 고민을 하며 젊음을 보냈을지도 몰라. 비교적 성적 차별이 없고 평등하다는 교직에서도, 기혼 여성이 갖는 중압감은 보이지만 않을 뿐 대단했지. 지금은 근무 여건이 많이 좋아졌다고 하지만, 그때만 해도 아이가 아프면 여교사들은 전전긍긍하며 눈치만 봐야 했어. 대부분은 발만 동동 구르며 양가의 어머니나 지인에게 의존할 수밖에 없었단다.

얘들아, 집안 살림하고 아이들 키우는 전업주부가 직장 여성보다 덜 행복할까? 직장 여성 중에는 전업주부를 부러워하는 경우도 허다해. 가정에서 아이와 엄마가 피부로 사랑을 느껴야 할 소중한 시기가 텅 빈 채 지나가는 게 눈에 보여서, 함께 있어야 가능한 정서적인 경험을 쌓을 기회가 턱없이 부족해서, 여전히 남성보다 불리한 근무 여건이 버거워서…, 말하자면 많지. 하지만 세상 어떤 일도 양쪽을 온전히 다 가질 수는 없잖아. 얻는 것만큼 잃는 것도 있게 마련이지.

작가도 현실적인 해결안을 내놓지는 못하더구나. 하지만 억압되어 있던 고충을 드러내 준 것만으로도 관객의 마음이 조금은 가벼워지지 않았을까? 무지도 죄가 될 수 있다는 말처럼, 알아야 문제에 다가가게 되고 닫혔던 문도 열 수 있겠지. 인식의 변화를 기대하는 현실에서 희미하게나마 빗장 열리는 소리가 들렸던가. 그랬기를 바란다. 앞이 보이지 않는 상황에서도, 저만치에 샘물이 있다고 믿는 사람에게는 샘물이 정말 나타난다더라. 영화에서 만난 지영이와 너를 생각하며 이야기를 쓰다 보니 길어졌구나. 활짝 웃는 긍정의 상징인 내 며느리에게 고맙다는 진심을 전하고 싶었어.

저무는 날의 위로

내가 세 번 만나고 결혼했다고 하면 다들 믿으려고 하질 않았다. 조선시대도 아니고 어떻게 그럴 수가 있냐며 입을 모았다. 오래 만나고 결혼하면 잘 살 확률이 높아지는가? 그럴 수 있다. 미리 맞춰 가며 적응할 수 있으니 속속들이 알고 결혼하면 신혼 초기의 충돌을 어느 정도 피할 수 있을지 모른다. 그러나 30년 안팎을 서로 다른 환경에서 성장한 사람들인데 처음부터 하나처럼 화합하리라고 기대하기는 어렵다. 돌이켜보면 우리도 부부 사이의 간극을 좁히기까지 꽤 오랜 세월이 필요했던 것 같다.

결혼한 지 40년 남짓. 이제 서로 눈빛만 보고도 안다. 아니다. 평생 배우는 게 인생이라더니 여전히 알아가는 중이다. 돌아보면 힘든 시기도 있었지만 감당할 만했고 비눗방울 같은 행복한 순간도 적지 않았다. 애초부터 결혼 목표 같은 건 없었다. 그러면, 사랑은? 내가 결혼을 결심할 때는 사랑이라는 감정이 싹트기 전이었다. 그저 첫인상이 마음에 들었고 세 번째 만난 날 헤어지기 전에 그가 목걸이 하나를 내 손에 쥐여주었을 뿐이다. 얼떨결에 받은 목걸이, 그게 뭐라고 해외 파견된 그를 열 달이나 기다려 결혼식을 올렸는지. 신혼여행 다녀오자마자 그는 다시 중동의 일터로 돌아갔다. 아홉 달 후 그가 돌아왔을 때 신접살림을 차렸다. 책 한 권 부피만큼 편지를 주고받기는 했어도, 그게 우리 결혼 역사의 전부다. 이걸 사랑이라고 부르는가보다 싶은 적은 있어도 영화에서처럼 애틋하게, 열렬하게, 아프게, 황홀하게 사랑했던 기억은 없다. 지금도 사랑이라는 단어는 여전히 쑥스러운 추상어다.

결혼의 성공 여부를 부의 축적이나 명예를 얻는 일로 가늠한다면 저울추가 어느 쪽으로 기울지 눈에 보이는 듯하다. 하지만 서로 삶의 여정을 포개어 놓는 것이라면 후한 점수를 매기고 싶다. 목걸이 하나로 시작한 결혼. 지금은 그게 어디 갔는지조차 모르지만 내가 그 목걸이를 기억하는 한, 그것은 내 안에 살아있는 소중함이다. 애초에 그 마음뿐이었으니 나머지는 살면서 덤으로 얻은 것들이다.

노부부의 하루는 단순하다. '따로 또는 같이' 보내는 시간을 나름 균형 있게 조율하며 오늘을 산다. 취향도 성향도 다르므로 그는 자기 공간에서 나는 내 방에서 각자 할 일 하다가 밥 먹을 때와 드라이브할 때만 만나서 함께 시간을 보낸다. 또 있다. 눈을 치우거나 낙엽을 치울 때, 장 볼 때도 함께한다. 가끔 갓 내린 커피나 김이 오르는 차를 서로에게 배달해 주기도 한다. 앞으로는 함께 보내는 시간을 조금 더 늘려가야 할까 보다. 작별할 때는 둘이 같이 갈 수 없는 일. 둘 중 한 사람이 먼저 떠나면, 더 많은 시간을 함께 보낼 걸 하며 남은 사람이 후회하게 될까 봐 그런다. 노부부로 산다는 건 젊었을 때 몸에 밴 맵고 짠 맛을 지우고 심심하고 순한 맛으로 길들어가는 과정이 아닌가 싶다. 어색해서 잘 웃지도 않던 사람, 남자는 평생 세 번 우는 거라던 사람, 스킨십이 낯간지럽다던 사람이 요즘은 TV를 보며 눈물을 훔친다. 집안에서 오며 가며 아내를 마주칠 때면 싱긋이 웃으면서 끌어안기도 한다. 늙어가는 세월이 그리 만든 것인지 젊은 사람들이 자주 나오는 방송 영향인지.

호숫가로 드라이브하는 중에 빨간 신호에 걸렸다. 차가 서 있는 동안 그가 슬그머니 내 손을 잡는다. 전에 없던 일이다. 그게 자기 방식으로 애정을 표현하는 것이리라. 그도 나도 드라이브하기와 산책하기를 좋아한다. 같이 좋아하는 음악 들으며 경치를 즐길 수도 있고 대화를 나누기에 그만한 공간도 없다. 대단한 것도 특별한 것도 없는 이야기들이지만 단둘이 있는 차 안의 좁은 공간에서 나누는 대화는 흡인력이 강하다. 별것 아닌 이야기에도 감성 비늘이 반짝이며 공감대를 이루기도 한다.

산책하는 길, 그가 반 발짝 앞서 걷고 내가 대각선으로 뒤를 따른다. 늘 그렇게 걸었는데 오늘따라 낯설다. 바람막이가 되어주며 산처럼 듬직하던 뒷모습이 언제 저리 후줄근해졌나 싶었는데, 내 생각을 듣기나 한 것처럼 그가 돌아본다. 왜 꼬붕처럼 늘 뒤에서 따라오느냐며 자기 옆으로 오라고 한다. '꼬붕'이라는 단어에 웃음이 쿡 터진다. 요즘 세상에서는 쓰지도 않는 꼬붕(심복)과 오야붕(우두머리)이라는 말이 오늘을 웃게 한다. 억지로라도 웃을 수 있으면 좋겠다던 말이 생각나 가슴이 알싸하다. 여든 넘은 노인이 했던 말인데 노인 초년생인 내 마음을 적신다. 그 말, 더는 허투루 들어넘길 수가 없어서인지. 나는 남편을 제치고 앞장서서 부러 씩씩하게 걷다가 뒤돌아본다. 어리둥절한 그의 표정 위에 나의 실웃음을 얹는다. 그렇게 오늘 두 번 웃었다.

살아 있는 생명체에는 제 나름의 찬란한 한때가 있다. 눈 시린 시기가 지나고 나서야 그때가 찬란했음을 알게 된다. 가슴 끓던 젊음이 조용히 가버리고 무겁고도 숨차던 중년도 지나면, 허름한 노년이 시작된다. 저녁노을이 아름답다고 함은 저무는 날에 대한 위로인가. 배우자의 자는 모습이 측은해 보이면 노년이라고 한다. 상대방에 대해 스스로 만들어낸 환상이 걷혔을 때의 모습이어서 그러는지. 젊음을 회상하는 일이, 돌아가지 못할 고향을 그리는 향수처럼 애틋하면서도 쓸쓸하다. 하늘을 보니 있는지 없는지 모를 허연 낮달이 우리를 내려다본다. 같은 달인 데도 낮달과 저녁달의 존재감은 엄연히 다르다. 존재감이 분명한 노란 빛을 뿜던 저녁달을 벗어나, 있는 듯 없는 듯 자리를 지키는 희미한 낮달로 지내는 일이 언제부턴가 익숙하고 편안하다. 이렇게 사는 것도, 살아보니 괜찮다.

하루살이의 하루

하늘에 걸친 저녁노을 자락이 붉다. 찰나에 스러질 태양은 호수에 잠겨 머리끝만 간신히 내놓고 오늘치의 빛을 닫고 있다. 나는 이제 시각이 아닌, 청각으로 호수를 느낄 뿐이다. 붉은 기운이 어둠에 묻히는 이 장엄한 순간, 자잘한 검은 곤충이 무리 지어 눈앞에 몰려든다. 맹렬하다. 손을 휘저어도 쉬이 흩어지지 않고 무지막지한 춤사위로 정신을 어지럽히는 하루살이들. 그들도 인간처럼 무리를 벗어나는 게 두려워서 저리 떼를 지어 다니는 것일까. 아니면 수명이 얼마 남지 않아 죽기 전에 할 일을 마쳐야 한다는 초조감에서 그럴까. 내일 새로 태어난 하루살이들은 무슨 일이 있었냐는 듯 태연하게 저들이 떠난 빈자리에서 또 다른 군무를 펼치리라.

떼로 몰려다니는 그들의 비행은 번식을 위한 짝짓기 수단이다. 1년 넘게 물가 흙 속에서 애벌레로 살다가 지상으로 올라와 날개 달린 곤충으로 살도록 허락받은 시간은 하루 남짓. 꿈을 안고 우화한 하루살이는, 원하던 날개를 얻는 대신 입이 퇴화한다고 한다. 먹지는 못해도 날아야 짝짓기를 할 수 있어서라고. 성충이 되어 겨우 하루를 살며 번식의 의무를 다하는데 그 하루조차 입이 없어 굶어 죽는다니. 내가 모르고 있던 것은 그것만이 아니었다.

하루살이는 해가 지면 몸의 균형을 잃는다고 한다. 흐릿한 불빛이라도 보이면 맹목적으로 달려드는 것은, 불빛 가까이 가면 균형을 잡을 수 있을 것 같아서라고. 하지만 그토록 몸부림쳐도 그들 앞에 기다리는 건 허망한 죽음뿐이다. 어쩌면 하루살이들은 잃어가는 몸의 균형을 되찾을 수 있다는 환상 때문에, 자기 날개를 태워 버릴지 모르는 불빛을 향해 달려드는 것일 수도 있다. 여름밤에 운전할 때면 헤드라이트 불빛에 부딪혀 죽는 하루살이 떼가 무참한 흔적을 남긴다. 필사적으로 불빛에 뛰어드는 하루살이를 보고, 제가 죽을 것도 모르고 달려드는 어리석은 곤충이라고 멋대로 판단한 나의 무지가 부끄럽다.

세상에 던져진 인간이 하루를 살기 위해 수많은 선택을 하는 것, 그것이 삶의 단면이다. 그리고 그 삶은 자기 자신과 타인에게 긍정적이거나 부정적인 영향을 미칠 수 있다. 어제를 습관적으로 반복한다든가 낯설어도 새로움을 찾는다든가 하는 것도 선택이고, 이리저리 몰려다니는 무리에 섞여 지내는 것도 선택이다. 하루살이들이 불빛에 이끌려 몸을 태우는 일은 내재한 유전인자에 의한 본능적이고 무의식적인 행위다. 그렇더라도 결과에 따른 책임은 온전히 그들 몫이다.

그들은 제 몸에 날개가 돋기 전 애벌레로 지내던 시간을 기억하려나. 우화를 거치며 전혀 다른 세계로 편입되었다는 것을 본능적으로 알아차렸을 때, 그러니까 자기 몸에 돋아난 날개를 보았을 때 어떤 느낌일까. 하루에 불과해도 그들에게는 한평생인데, 그 하루로 할 수 있는 일이 본능에 의한 번식뿐이라니. 짧지만 치열하게 사랑하고 떠나니 아쉽지 않을까. 주어진 시간 동안, 붉게 타오르는 태양과 푸른 하늘과 나무와 냇물을 보았을 것이다. 혹은 활짝 핀 꽃 향기와 비와 바람의 냄새도 맡았을지 모른다. 찰나에 지나가는 생이라는 걸 의식하여 자기만의 충실한 삶을 산 것도 있을 테고, 하루 이상의 시간 개념이 없으니 그저 순간을 즐기는 쾌락에 빠져 진정한 기쁨은 모르는 채 떠난 것도 있으리라.

하루살이에 비하면 나는 상대적으로 긴 인생을 살고 있다. 직장에 다니는 동안은 하루해가 짧을 만큼 열정으로 일했다. 퇴직 후 새로운 삶을 계획하면서 욕심낸 것이 문학이고 글쓰기였다. 어쩌다 보니 그리되었지만, 훌륭한 작가들의 그 찬란한 광휘를 탐한 것도 아니고 그들의 고독과 고뇌를 헤아리지 못한 것도 아니다. 어쩌면 내가 태어나기 전부터 내 몸에서는 날개가 돋아날 것을 예비하고 있지 않았을까. 날개에 빛이 닿는 순간 놀랍게도 그 날개로 언어 사이를 날아

다니게 된 것은 아닌지. 하루살이가 몸의 균형을 잡는 게 절실했던 것처럼, 문학은 내 정신의 균형을 잡기 위해 기꺼이 택한 방편이었는지 모른다.

흙 속에서 보내다가 정작 날개를 얻고 나서는 하루밖에 못 사는 하루살이에 비해, 인간에게는 어머니 자궁을 나온 후 100년 가까운 긴 세월이 주어진다. 100세 시대를 살며 수명이 늘어난 만큼 질적인 삶도 비례하여 나아졌는지. 본능이었든 사랑이었든 하루살이는 꿈꾸던 일을 하루 동안 이루었으려나. 하루라도 더 살고 싶다는 헛된 희망으로 아까운 삶을 허비하지는 않았으리라 추측한다. 인간보다 먼저 지구에 출현한 하루살이가 아직까지 멸종하지 않고 살아남았으니까.

하루하루가 천천히 지나간다. 하루살이로서는 한 생이, 또 한 생이 흘러가는 것이다. 손톱만 한 하루살이 한 마리가 무리에서 떨어져나와 들풀 속에서 날갯짓한다. 뒤늦게 임무 수행 중인가. 회오리바람처럼 몰려와 한바탕 놀다 간 자리에 더는 아무것도 없다. 다른 하루살이들과 몸을 부대껴 몰려다닌 끝이 허탈하지는 않을지. 하루치의 빛이 닫히는 시간인데 어디선가 아주 가느다란 빛이 일렁인다. 삶이 그러하듯, 닫히는 동시에 열리는 시간인가 보다.

미래를 기억한다면

오래전 출근길, 트럭 한 대가 아름드리나무를 들이받고 기우뚱한 채 멈춰있었다. 다행히 인명 피해는 없는 듯했다. 요즘처럼 스마트폰도 GPS도 없던 시절이라 자세한 정황은 알 수 없었지만, 순식간에 한쪽 차로가 모두 막혔고 복구도 아득해 보였다. 반대 방향으로 달리며 그쪽을 보니, 출근 시간인 데다가 통행 차량이 많은 곳이어서 벌써 차 수십 대가 꼬리를 물고 길게 늘어서 있었다. 몇 시간을 기다려야 할지 모르면서 운전자들이 언제까지 저렇게 앉아 있어야 할까. 사고가 났다는 사실 자체는 바꿀 수 없다 해도, 무한한 기다림과 인내심이 강요되는 이 상황에서 스스로 선택하고 결정할 수 있는 부분이 정말 없는 것일까 싶었다. 내게는 과거가 됐지만 저 운전자들에게는 미래가 될 몇백 미터 앞의 상황을 알려준다면, 그래서 그들이 자신의 한 치 앞 상황을 어렴풋이라도 인지할 수 있다면 무언가 달라지지 않을지. 직장에 도착할 때까지 그 생각을 벗어날 수가 없었다.

인생길에서 삶을 축소하면 그날의 출근길과 크게 다를 것도 없어 보였다. 눈으로든 마음으로든 미래를 보거나 알 수 없으므로, 설마, 혹시, 하며 보내던 과거 시간들이 나타났다. 중년의 나이에 나는 이민이라는 중대한 선택을 했고 부침을 겪으며 여기까지 왔다. 짧지 않은 세월을 이민자로 사는 동안 어떤 식으로든 나의 미래를 인지할 수 있었더라면, 비록 매사에 신중하고 조심하는 성격이긴 해도 조금은 더 과감한 일탈과 모험을 시도했을지 모른다. 어차피 결말이 다르지 않다면, 중도에 어떤 길을 선택하여 간들 두려워할 이유가 무엇일까.

그런 생각에 젖어 지낼 무렵 〈우나의 고장 난 시간〉이라는 책이 우연히 눈길을 끌었고, 나는 주인공과 함께 그 '고장 난 시간' 속에 한동안 함께할 수 있었다. 마가리타 몬티모어의 소설로, 시간의 방향이 앞이나 뒤로 일정하게 흐르지 않고 주인공인 우나에게만 임의로 주어진다는 설정이었다. 원하지 않는 삶의 방식이지만, 그렇게 살 수밖에 없는 운명이었다. 미래를 미리 알고 현재를 이해하며 살아간다는 가정이 흥미로웠다.

우나에게는 일 년에 한 번씩 그해 살아야 할 나이가 무작위로 주어진다. 19세 다음에 갑자기 51세로 건너뛰게 된다. 어제까지 함께하던 사람들이 사라지고 뜬금없이 주어진 중년의 나이에 당황하면서도, 물리적 나이와 정신적 나이의 괴리감을 아슬아슬하게 극복해 나간다. 51세였다가 27세가 되고, 그다음 해에는 40세가 된다. 해마다 다른 나이로 건너뛰다가 53세를 정점으로 애초의 19세로 돌아온다. 미래에 일어날 사건들이 가슴 아픈 일이라 해도 바꿀 수 없다는 사실을 긍정적으로 받아들여야 한다. 그런 과정에서 주어지는 선택지 중에서 비록 사소하지만 다른 것을 고를 수 있다는 점에 마음이 끌렸다. 우나가 50이 넘은 나이를 먼저 살고 나서 젊은 나이로 돌아간다는 부분이 인상적이었다. 나이를 순차적으로 평범하게 살 때와는 다를 것이다. 만일 내가 70, 80세를 먼저 경험한 후 그것을 기억하며 지금의 나이를 산다면 좀 더 만족한 삶을 살았을까.

병원에서 의사가 시한부 환자에게 남아 있는 생존 기간을 알려주는 경우와 그렇지 않을 경우, 환자의 성격이나 심리상태에 따라 확연한 차이를 보인다고 한다. 차분하게 자신의 삶을 돌아보며 하고 싶은 일의 우선순위를 정하여 마무리하기도 하고, 얼마 남지 않은 자신의 미래를 초조하고 불안해하며 남은 시간마저 포기하기도 한다는 얘기다.

살다 보면 이유와 의미를 납득하기 어려운 일들도 일어난다. 당연히 받아들이기도 하지만 때로는 억울하여 저항하기도 한다. 우연인지 인과인지 의심하며 허기진 손을 헛되이 휘두를 때도 있다. 알 수도 잡을 수도 없는 미래는 미래일 뿐, 여전히 불투명하고 불확실하다. 기억은 과거 시제에 의존하므로 미래를 기억한다는 말 자체는 모순일 수 있다. 하지만 미래완료 시제가 있다는 것을 상기하면 소설 속 내용이 그리 황당한 것만은 아닌 것 같다. 아무것도 모른 채 무작정 기다리는 대신 자기가 머릿속에 그린 미래의 그림을 떠올리며 여유를 갖는다면 그때그때 삶에 대처하는 방식이 달라지지 않을지. 가족이나 친구와 언제 이별할지 안다면, 중요하고 급하다고 여기던 일들을 제쳐두고 그에게만 오롯이 집중하여 최선을 다할 수도 있듯이.

'일어난 일은, 일어날 일이었다.' 어떻게 해도 그 결말은 바뀌지 않는다.

참일 수도 아닐 수도 있는 이 명제가 피할 수 없는 일이라면, 평범한 인간이 관여할 수 있는 일은 결과에 이르는 작은 과정들뿐이다. 그런데 그 하찮아 보이는 과정이나 순간에서 진정한 위로와 만족감을 얻는다면, 우여곡절 속에서도 사소한 일에 최선을 다하는 방법밖에 없지 않은가. 그럴지도 모르겠다. 나의 미래를 그리며, 지금 내가 하는 일이 어떤 면에서 최선인지 묻는다. 기억은 기억하려는 사람의 의지를 반영한다. 머릿속에 그려진 나의 미래를 기억하며, 어떻게 살 것이냐에 대한 고민을 줄여본다.

키치, 그 피할 수 없는

빨래를 너는데 양말 한 짝이 보이지 않는다. 세탁기에도 없고 세탁실에도 없다. 어딜 갔을까. 전에도 이 비슷한 일이 있었는데 언젠가는 나오겠지 하고 챙겨둔 짝짝이 양말이 하나 더 있다. 보관하고 있던 양말은 하늘색 민무늬이고 이번 것에는 자잘한 하얀 꽃무늬가 있다. 양말 두 짝을 나란히 놓고 보니 파란 하늘에 나부끼는 하얀 가을꽃처럼 의외로 잘 어울린다. 짝짝이 양말을 신고 나갈 용기는 없고 내 불찰로 짝짝이가 된 양말이 아깝고 안쓰럽기만 하다. 돌아가신 시부모님이 떠오른다.

시아버님은 청력을 잃고 시어머니는 허리 통증으로 자리보전하면서 두 분의 삶은 차츰 어둑한 그늘로 밀려났다. 십여 년 동안 이어진 노부부의 삶을 돌이켜보면, 불편한 대로 어머니는 아버님의 귀가 되었고 아버님은 앓는 아내의 허리가 되어 돌기둥처럼 어머니 곁을 지키다 가셨다. 잃은 것을 불평하기보다는 갖고 있는 반쪽을 내주면서

한 몸처럼 지내시던 기억이다. 눈도 하나, 날개도 하나뿐이어서 두 마리가 한 쌍이 되어야 비로소 날 수 있다는 전설적인 새, 비익조(比翼鳥)를 생각한다. 반쪽끼리라도 서로 협조하면 온전한 하나를 이룰 수 있다는 걸 보여주는 새다. 나는 짝짝이 양말을 버리기가 망설여져 다시 서랍에 넣어두었다.

인터넷 검색을 하다가 우연히 키치 상품을 보았다. 놀랍게 짝짝이 양말도 있었다. 그런 것도 상품이 될 수 있다니. 자본주의 세계의 흐름에서 나만 소외되어 있던 것처럼 쓸쓸했다. 나는 키치를 애초의 어원 그대로, 고급 예술을 흉내 낸 저속한 싸구려 모조품을 가리키는 단어 정도로 이해하고 있었다. 서민이 감히 접근하기 어려운 상류층 예술과 그것을 흉내 낸 속된 예술 그 경계를 오가며, 비록 가짜일지라도 진짜에 접근하기 어려운 대중에게 자기만족과 위안과 카타르시스를 주던 존재였다. 독특한 디자인과 현란한 색상으로 탈바꿈한 짝짝이 양말이 키치라고 불리는 것을 보며, 그 단어가 지니고 있던 짝을 잃은 애잔함이나 외로움 같은 정서를 빼앗긴 것처럼 허전했다. 짝짝이 양말들은 틀에 박힌 나의 기존 관념에 도전하듯 화면 속에서 보란 듯이 자유분방한 춤을 추고 있었다.

밀란 쿤데라의 소설 〈참을 수 없는 존재의 가벼움〉에서 저자가 말하는 키치는 요즘 키치의 의미와는 또 다르다. 그는, 인간 삶의 가벼움과 무거움 못지않게 키치 적인 삶의 태도와 키치 적 인간에 관해 이야기한다. 남에게 보여주기 위한 그럴듯한 자기 기만적인 삶, 자기가 보고 싶은 것만 보는 편향된 자세, 이면의 실상이나 진실은 보려 하지 않고 삶을 아름답게 포장하는 이상적 미학에 사로잡힌 태도 같은 것을 말한다. 등장인물 네 사람을 통해 소설 전반에 걸쳐 키치 적 삶의 속성을 보여주는데, 그중 사비나가 그런 삶을 가장 못 견뎌 하는 인물이다. 부모를 배신하고 친구를 배신하고 사랑을 배신하고 조국을 배신하면서까지 키치 적 인간을 벗어나려고 몸부림치지만, 결국 실패한다. 작가는, 아무리 키치를 경멸해도 인간 조건의 한 부분인데 벗어버릴 수 있겠느냐며 냉소한다. 어쩌면 그가 정말로 '참을 수 없었던' 것은 생활 깊숙이 스며든 키치 적인 삶의 방식이었는지도 모르겠다.

현대는 자기가 살아가는 겉모습을 드러내어 대중의 환심을 사고, 대중은 그게 전부인 것처럼 믿으며 환호하는 세상이다. SNS 영향으로 키치 적 삶의 모습이 눈 깜짝할 사이에 온 세계로 퍼져나가기도 한다. 키치(kitsch)란 무엇인가. 정통과 관례를 따르는 반듯하고 모범적인 정형을 의도적으로 이탈하여 통속화시킴으로써 고급문화와 저급 문화의 경계를 무너뜨리는 단어가 아니던가. 진짜 같은 가짜, 속내와는 다른 가면을 쓰고 자기 삶을 과시하려는 허영심, 불편한 진실을 알고자 하는 의지가 약하여 소시민적 안온함에 길든 태도라고 할까.

내 생각을 듣던 한 지인은 말한다. 직장 다니며 살림하랴 자식 키워 독립시키랴 힘들여 여기까지 왔는데, 이제 아무 생각 없이 즐기면서 살고 싶다고. 키치가 뭔지 잘은 모르겠지만 키치 적으로 사는 게 뭐 어때서, 행복하면 되는 거지 뭘 더 바라겠느냐고 한다. 남들 하는 대로 따르면서 편하게 살면 됐지 무얼 그리 고민하는지 모르겠다는 눈치다. 거침없는 그녀의 언변 때문인지 나는 할 말을 얼른 찾지 못하다가, 많은 사람이 같은 방향을 향하면 그 옳고 그름을 판단하지 못하고 휩쓸리기 쉽더라는 말을 끝으로, 내 삶 속에 들어온 키치를 생각한다.

성(聖)과 속(俗)의 경계에서 서성이는 내 모습을 본다. 키치를 통해 손쉬운 편안함에 안주한다면 반대쪽에서는 자존감을 얻고, 한쪽에서 이상적 허무를 맛본다면 다른 쪽에서는 냉철한 현실을 마주한다. 알록달록 요란한 색으로 치장한 짝짝이 양말들이 경쾌하게 몸을 흔들며 소리친다. 세상이 달라졌다고. 달라진 세상에 발을 담그고 사는 이상 흐름에 따라야 하는 거라고. 불편하더라도 깊이 감춰진 진실을 알고자 하는 의지가 강한 이들은 어느 세대에도 소수에 불과하다. 문제는 진정한 자기 자신으로 살아가려는 소수를 대하는 주변의 태도인지 모른다. 그에 따라 소수는 건강한 변화를 주도하는 희망이 될 수도 있고 헛된 희생이 될 수도 있다.

머리 깎던 날

머리 깎는 날이다. 마룻바닥에 신문지를 깔고 커다란 비닐을 어깨에 두른다. 잘린 머리카락을 담아낼 반원형 받침대를 목에 걸치면 준비 끝이다. 남편이 가위와 바리깡을 들고 약간 긴장한 듯 잔기침을 한다. 나는 잠시 앞을 응시하다가 눈을 감는다. 사각사각. 가위 소리다. 눈을 감으면 가시적 경계가 지워지면서 보이지 않는 세상을 상상하는 문이 열린다. 작은 소리도 잘 들린다. 인간의 감각은 어느 한쪽이 막히면 다른 기관의 기능이 향상된다는 걸 눈 감고 체험하는 시간이다.

드르르르. 이번에는 바리깡 차례다. 가장자리를 서성일 뿐 좀처럼 머리 중앙에는 다가가지 못한다. 겁 많던 내 인생의 발걸음처럼 소심하다. 설마 그러랴 하면서도, 찰나의 실수로 머리카락이 뭉텅 잘리는 상상에 움찔한다. 손에 힘주지 말라는 소리가 목젖까지 올라오지만, 남편의 헐렁한 집중력이 그나마 흩어질까 봐 마른침만 삼키고 만다. 머리와 목덜미의 경계에 닿는 기계 감촉이 서늘하다.

코로나 팬데믹이 시작되면서부터 우리 부부는 미용실에 가지 않았다. 서툰 솜씨이기는 해도 서로 머리를 잘라주거나, 며느리가 가끔 와서 손질해 주는 것으로 대신했다. 며느리는 아들과 두 손자의 이발을 집에서 해온 터라 그동안 쌓은 실력이 만만치 않아 남편보다 미더웠지만, 오늘, 가위는 며느리가 아닌 남편 손에 들려 있어 불안한가 보다.

손에도 나름의 의지가 있다고 생각한 나는 내내 그의 손이 신경 쓰인다. 이성이 금지한 일인데도 강렬한 유혹 앞에서 나도 모르게 손이 불쑥 나가던 기억이나, 내키지 않는 일에는 손이 저절로 움츠러들던 기억 때문일까. 남편 손의 의지를 짐작하지 못해 긴장하다가 그의 손에 대고 겸허하게 말한다. 뒷머리 아랫부분에 길게 자란 것들만 조금씩 다듬어달라고. 앞머리는 별로 길지 않으니 그대로 둬도 괜찮다고.

내 머리카락의 운명은 돌이 지날 무렵부터 순탄하지 못했다. 머리숱이 적다고 박박 밀어주었더니 숱이 저리 많아졌다고 엄마는 자랑처럼 말씀하셨다. 나는 그 말을 들을 때마다 민둥머리가 된 여자 아기를 상상하지 않으려고 애썼다. 저항도 못 하고 잘려 나간 머리카락들은, 엄마의 소박한 기대를 저버리지 않고 굵직하고 풍성한 숱으로 다시 태어났다. 짧으면 짧은 대로 길면 긴 대로, 붉게 물들이면 붉은색으로 검정 물을 들이면 검은색에 적응하면서 투정 한번 부릴 줄 몰랐다. 30년 가까이 그 독하다는 염색약도 군말 없이 견뎌냈지만, 머리카락 생각을 물어본 적 없으니 속으로 만족했는지 불만이 쌓였는지 그건 모르겠다. 다만 머리카락이 잘릴 때마다 온축된 기억들도 함께 사라지는 것만 같아 후련하면서도 뭔가 서운했다.

다 늦은 나이에, 생이 휘청거릴 만큼 크게 앓았다. 염색약의 화학적 독성에 더는 무심할 수도 호기로울 수도 없었다. 이제 흰머리가 자연스러울 나이도 되지 않았냐는 말로 스스로 달래 보았다. 몸의 변화를 의연하게 받아들이기로 다짐하며 이불 속에서는 괜찮은 척했지만, 날이 밝으면 언제 그랬냐는 듯 마음이 바뀌었다. 내 검은 머리카락에 익숙해진 지인들 앞에 하얗게 나타날 용기도 없었고, 그들의 당황하는 표정을 대면할 자신도 없었다.

두피를 뚫고 올라오는 흰머리를 모자와 가발 속에 가두기 시작했다. 흰 머리카락이 한 올이라도 보일세라 원천 봉쇄하는 집요함이 내 안에 있다는 게 낯설었다. 당당해지려는 흰머리와 감추려는 나 사이에 실랑이가 벌어지곤 했다. 흰 머리카락은 세월이 흐르면서 외려 드세진 듯 고분고분하지 않았다. 귀밑에 하얀 것 몇 가닥이 삐져나와서 속으로 집어넣으려 하면, 무슨 억하심정인지 뻗대면서 모자나 가발 밖으로 일부러 고개를 더 내밀곤 했다.

몸에서 가장 높다는 머리 꼭대기에 터를 잡은 걸 보면 머리카락이라고 야망이나 집념이 아주 없는 것은 아닌 듯했다. 어쩌면 그 높은 곳을 차지한 기득권을 오래 누리고 싶은 욕망이 세월에 얹혀 흰머리가 되도록 유전되었는지도 모르겠다. 그런 은발을 검은 가발 속에 감추려 하는 것은 순리를 거스르는 일이 아닐까 싶었다.

얼추 다 깎았는지 목덜미가 허전하다. 남은 머리카락을 털어내는 남편 손이 등 뒤로 지나간다. 귀밑머리는 허연 것들이 많아, 아예 밀어버렸는지 자국만 파르스름하다. 사람이든 사물이든 제자리에 있지 않으면 거추장스러워지다가 천덕꾸러기가 되고 만다. 머리를 벗어나 바닥에 뒹구는 짧게 잘린 하얀 머리카락들. 머물던 자리에 집착하는 욕구는 생명 가진 것들의 타고난 속성인지 떠난 끝이 서운하다.

살아 있을 때는 무엇인가 붙들 수도 있고 기댈 수도 있지만 죽을 때는 빈손이고 오롯이 혼자다. 바닥에 흩어진 머리카락들은 가장 높은 곳에 무리 지어 지내면서 부족한 줄 모르던 것들이다. 머리카락 자체에는 생명이 없지만, 살아 있는 세포에 밀려 두피를 벗어나면서 자기가 존재하는 이유를 서서히 잃었으리라. 삶과 죽음의 경계는 그렇듯 분명하면서도 흐릿하다. 조금 전까지만 해도 내 몸의 일부이던 것들이 더는 나와 상관없는 타자로 존재한다. 무해하다 해도 자기와 관계없는 타자에게는 무심하고 무관심한 게 세상인심이다.

성정이 빳빳한 머리카락들도 더는 가치를 인정받지 못하면 버려진다. 머물던 자리에서 좀 더 견디지 못하여 억울할 수도 있고 자유를 얻어 홀가분할 수도 있겠다. 아무리 애를 써도 떠날 것은 떠나고 남을 것은 남는다. 남은 자들은 떠난 자들의 상실과 부재에 익숙해져야 하리라.

기억 속에 핀 해바라기

나는 무슨 이유에서, 기회 있으면 이 영화를 다시 봐야지 하며 기다렸을까. 어쩌면 추억으로 자리 잡은 사랑에 대한 막연한 향수 때문이었는지도 모른다. 기다림은 그리움을 먹고 자란다. 슬픈 사랑 이야기에 눈물 흘리던 나의 젊은 시간도 어느새 아득한 곳으로 밀려가 있다. 기억도 가물가물한 영화 〈해바라기〉에서 인상 깊이 남은 장면은 끝없이 펼쳐지던 해바라기밭과 소피아 로렌의 우물처럼 깊은 눈빛이었다. 우크라이나가 어디에 있는지 이름조차 생소하던 1980년대. 전쟁이 사랑을 어떻게 비극으로 몰고 갈 수 있는지 알려준 영화가 내게는 〈해바라기〉였다.

영화는 드넓은 해바라기밭을 보여주는 것으로 시작하여 2차 세계 내전에 징집된 젊은 남자와 한 여자의 기약 없는 이별, 그리고 그들의 이루지 못한 사랑을 이야기한다. 조용한 이별이 더 아프다고 하던가. 그 무엇으로도 꺾을 수 없던 지오반나라는 여인의 사랑이 해바라기밭에 진한 노란빛으로 일렁인다. 활짝 핀 해바라기와 푸른 하늘의 절묘한 대비가 이미 감정이입이 된 관객의 마음을 쥐고 흔든다. 자신의 태양인 남편만 '바라기' 하던 '해바라기' 여인. 그 어떤 것에도 흔들리지 않을 것 같은 강인한 이미지와 여성으로서의 섬세한 감정을 동시에 연기할 수 있는 소피아 로렌을 캐스팅한 감독의 안목이 놀랍다. 그녀만이 그 역할을 해낼 수 있다는 신념이 있었으리라.

갓 결혼한 남편 안토니오를 전장에 내보내고 가슴 졸이며 무사 귀환을 빌던 아내 지오반나는 어느 날 비보를 전해 듣는다. 남편의 전사 통지를 받은 것이다. 하늘이 무너지는 듯했지만, 그럴 리 없다며 그녀는 그의 전사 소식을 받아들이지 못한다. 소피아는 살아 있을 것만 같은 남편을 찾아 사진 한 장 들고 고국인 이탈리아에서 러시아에 이르기까지 미친 듯이 헤매고 다닌다. 수많은 군인과 민간인 시체가 매장된 묘지에 이른 그녀. 과거 해바라기밭이었던 그곳에는 나뭇가지로 만든 십자가가 해바라기 숫자만큼이나 많이 꽂혀 있다. 혹시, 설마, 하는 마음으로 그녀가 전사자 이름을 일일이 확인할 때마다 관객도 숨을 죽인다.

그녀를 떠올리면 오로지 태양만 바라보며 피고 지는 소박한 해바라기꽃이 연상된다. 태양을 향한 그 맹목적인 사랑을 지키려는 그녀의 집념은 무섭도록 강인하다. 우여곡절 끝에 그녀는 꿈에도 그리던 안토니오를 만나게 되지만, 운명은 그리 호락호락하지 않다. 그는 군부대에서 낙오되어 혹독한 추위에 기억을 잃고 죽을 뻔한 자기 목숨을 구해준 여성 마샤와 결혼하여 살고 있다. 그토록 찾던 자기 남편과 가정을 이룬 한 여자를 응시하던 지오반나의 표정. 절망으로 무너져 내린 가슴을 그 눈빛 말고 더 어떻게 표현할 수 있을까.

태양을 잃어버린 지오반나는 실성한 듯 고향으로 돌아와 그와의 감정을 정리하고 모든 추억을 어둠 속에 묻으려 한다. 기억은, 그리움이라는 회로를 따라 순환하다가 어느 순간 무의식 속에서 튀어나오는 것. 잊고 싶다고 잊을 수 있을까. 뒤늦게 기억을 되찾은 안토니오가 그녀를 찾아오자, 잊힌 줄 알던 아픈 추억이 가슴을 헤집고 살아난다. 더는 젊지 않은 그녀도 이제 가정을 가진 여자다. 서로 다른 가정을 꾸렸다는 매운 현실을 외면할 수 없는 그와 그녀다. 우리 사랑은 여기까지구나, 하고 인정하며 그것을 순리로 받아들이기까지 인간이 견뎌야 하는 갈등은 얼마나 복잡하고 잔인한가.

결별의 아픔을 절절히 경험한 그들이었기에, 무겁고도 질긴 가족이라는 이름만큼은 지키기로 한 것일까. 멀어져가는 안토니오의 뒷모습을 바라보며 박제된 듯 서 있던 소피아 로렌. 슬픔 덩어리가 너무 크면 도해내지 못하는 것인지. 이제 그녀도 귀밑머리가 희끗하다. 사랑을 찾아 헤매느라 청춘을 소진한 허무한 세월이 무연히 서 있는 그녀를 위로하듯 가만히 더듬고 지나간다. 떠나는 남자와 남겨진 여자 사이에 해바라기밭이 들어선다. 하나가 될 수 없던 그들. 그는 태양으로, 그녀는 해를 바라보던 꽃으로 돌아가는 시간이 온 것일까. 각자의 길을 가는 것이 진정한 사랑이라는 듯이.

우크라이나의 해바라기밭에 또다시 전쟁이 들어선 지 일 년이 넘는다. 세상을 밝히던 빛과 색을 찰나에 지워버리는 전쟁은 모든 것을 무채색으로 바꾸어버린다. 되풀이되는 전쟁에 소중한 생명이 흩어지고 무고한 삶이 붕괴되며 가족도 가정도 의미를 잃고 있다. 오늘도 뉴스는 비관적인 전황을 전한다. 영상은 세 살배기 아들을 안아 들고, "아빠 곧 돌아올게"라며 얼굴을 비비는 젊은 아빠에게 초점을 맞춘다. 아들한테가 아니라 스스로 다짐하는 말 같아 나는 목이 멘다. 아들만 전쟁터에 내보낼 수 없어 자원입대했다는 초로의 남자가 화면에 들어온다. 짧은 탄식이 새어 나온다. 운명의 여신은 과연 저들을 평온했던 일상으로 되돌려보낼 수 있을까.

영화 〈해바라기〉에서는 지고지순한 사랑이 전쟁이라는 일그러진 욕망의 군화에 짓밟혀 뜻을 이루지 못하고 아물지 못할 상흔이 되고 만다. 하지만 언젠가 해바라기꽃은 다시 피어날 것이다. 인간을 인간답게 하는 것은 결국 사랑이라는, 그 불변의 진리는 사라지지 않을 것이다. 인간의 감정 중 가장 값있고 아름다운 사랑, 그 사랑 이야기는 어느 하늘 아래에서도 멈추지 않고 이어지리라.

누룽지 냄새

말간 햇살이 달려드는 아침, 남편이 부엌에 있다. 눌은밥을 만드는지 구수한 냄새가 이 층 침실까지 올라온다. 나이 들면 아침잠이 줄어든다더니 새벽같이 잠이 깨어 오늘처럼 아침을 준비하는 날도 있구나. 눈 시린 햇빛이 나를 이불 속에 가둔다. 핑계 김에 못 이기는 척 이불을 이마까지 뒤집어쓴다. 누룽지 냄새의 소용돌이에 내 몸을 맡기고 냄새가 건네는 기억의 실타래를 붙잡는다.

오래전 이야기이다. 임신하고 직장 다닐 때 입덧이 심해서 먹는 것마다 토하기 일쑤였다. 희한하게도 갈비구이는 잘 먹는 나에게, 고기를 좋아하니 태아가 아들인가 하며 집안 어른들은 은근히 반기는 눈치였다. 그날도 종일 먹지 못해 지친 몸으로 퇴근하여 아파트 입구를 지나는데 경비 아저씨가 불렀다. 친정아버지가 두고 가신 것을 전해주면서, 새어 나오는 냄새에 군침이 돈다며 나보다 더 좋아했다.

직장생활하며 입덧하는 맏딸이 안쓰럽던 아버지는 퇴근길에 시간 날 때마다 음식점에서 갈비구이를 사다 놓고 가셨다. 갓 구운 갈비는 따끈해서 바로 먹기에 좋았다. 그날은 꾸러미가 다른 때보다 묵직하여 열어보니 갈비 옆에 어른 손바닥 두 배만 한 두툼한 누룽지가 들어있었다. 웬 누룽지일까 싶었지만, 갑자기 몰려드는 허기에 이런저런 생각할 겨를도 없이 반을 덜어서 물을 붓고 눌은밥을 끓였다. 구수한 냄새가 좁은 집안에 진동했다. 역한 기운을 못 느끼는 걸 보니 아기도 싫지 않은가 보았다. 다 먹도록 아기는 뱃속에서 발로 걷어차며 더 달라는 신호를 보냈다.

저녁 늦게야 아버지께 전화하여 누룽지 출처를 알게 되었다. 아버지는 당시 한 남자고등학교에 재직 중이셨는데, 합숙하는 축구부 선수들을 위한 교내 식당이 따로 있는 학교였다. 한창 젊은 선수들의 왕성한 식욕을 감당하려면 엄청난 양의 음식이 필요하여 식당 뒤편에 커다란 가마솥 두 개를 걸고 밥을 짓는다고 했다. 매일 나오는 누룽지의 양이 만만치 않은데도 인기가 좋아서 모자란다고 하니 먹을 수 있을 때 부지런히 먹어두라며 입덧 없이 먹었다는 말에 기뻐하셨다.

아버지는 내 몸이 만삭이 될 때까지 그렇게 사흘이 멀다고 누룽지와 갈비구이를 경비실에 놓고 가셨다. 빠듯한 교육공무원 월급에 만만찮은 비용이 들었으리라는 생각을 그때는 왜 못했는지. 대체 어떤 손주가 나오려고 호랑이로 소문 난 외할아버지가 누룽지라면 저리 나긋나긋해지는지 모르겠다며, 감춰뒀던 누룽지를 챙겨주신 식당 아주머니들 마음도 이제야 보인다. 감성적 배려가 담긴 누룽지와 양념갈비를 좋아하던 아기 덕분에 딸이 입덧 시기를 별일 없이 넘겼으니, 태중의 그 손주가 얼마나 기특했을까. 나날이 더해가는 햇볕이 봄을 부르듯, 뱃속의 생명이 겨울을 가볍게 넘기고 생기를 되찾은 것을 우연이라고 할 수만은 없으리라. 곡진한 외할아버지의 손주 사랑은, 그러나 오래가지 못했다. 그토록 손주며느리를 보고 싶어 하시더니 외손자가 고등학교 졸업하는 것도 기다리지 못하고 먼 곳으로 떠나셨으니.

누룽지는 장작불과 가마솥의 뭉근한 열기로 밥이 눌어붙은 것이다. 아궁이에서 불꽃 이글거리는 장작으로 밥을 짓고, 그 밥이 적당하게 눋도록 불을 조절하던 시간이 누룽지의 구수함을 만든다. 누룽지 냄새가 배어있는 밥의 비결은 단순한 쌀과 물의 조화가 아니다. 장작불로 달구는 가마솥 밑바닥, 그 뜨거운 최전선에 누룽지가 있다. 솥 윗부분에 있던 고아한 하얀 밥에서는 느낄 수 없는 구수함은 쌀알들이 바닥까지 내려가 서로 어깨를 겯고 지낸 시간의 냄새다. 누르스름한 누룽지 색깔은 기다림의 색이며 쌀이 익고 뜸 들기를 기다리던 정성이 빚어낸 색이다. 인간 세상이라고 다를까.

밥상에 눌은밥이 등장할 때쯤이면 포만감으로 마음이 넉넉해져서

인지 식사 전에는 어림없던 이야기도 넌지시 이해되는 노골노골한 시간으로 바뀌던 시절이 있었다. 모난 밥상도 둥그레지던 시간. 정신적 허기와 결핍으로 고뇌하던 젊음이었어도, 밥상머리에서만은 예민함과 불안감이 누그러졌다. 밥상에 맨 끝으로 등장하는 눌은밥과 숭늉은, 좋은 글의 결미처럼 여운을 남기며 식사를 마무리하기에 맞춤한 존재였다. 있으면 마음이 충만해지고 없으면 뭔가 빠진 것처럼 허전했다. 끼니때마다 정성 들여 지은 밥을 먹고 자란 세대와 버튼 하나로 지은 전기밥솥 밥을 먹고 자란 세대 사이의 감성 온도 차이는 얼마나 될까.

추억의 냄새가 출렁이는 아침이다. 누군가에게 밥을 해주는 즐거움, 그건 사랑이다. 그 사랑을 기쁘게 먹는 것도 사랑이다. 기계손을 빌린 누룽지가 아무려면 입덧을 가라앉혀주던 가마솥 누룽지의 깊은 맛에 견줄 수 있으랴마는, 그 정서를 소환하는 냄새가 집안에 흐르는 동안 잠시 허락받은 시간여행은 감미롭다. 외할아버지의 사랑을 먹고 자란 손자와 손자 사랑으로 충만하던 아버지를 만나는 시간인데, 햇살은 자꾸 이불 속을 파고들며 일어나라고 재촉한다.

엄마의 남자 친구

벚꽃이 눈처럼 하얗게 날린다. 한 시절의 젊음을 기억하는 고목들이 피워낸 봄꽃이다. 흩날리는 꽃잎을 타고 봄날이 하루하루 떨어져 내린다. 아파트 거실 창으로 내다보이는 키 큰 나무에는 어느새 연둣빛 이파리들이 손을 흔들고 있다. 꽃 진 자리에 돋아난 새잎의 연둣빛은 초록이 되고 초록이 짙어지면 한 해의 절정인 단풍에 자리를 내줌으로써 꽃이 누리던 영화는 가뭇없이 사라지리라.

안방에 들어서는데 통화 중이던 엄마가 갑자기 일본어로 말하면서 수화기를 내려놓으셨다. 캐나다에서 딸네가 왔다고 하니 두말하지 않고 끊더라. 엄마는 뭔가 아쉬운 듯했다. 통화하던 분이 남자분인가 싶어 노인정 할아버지냐고 묻자, 엄마는 내 말을 고쳐 말했다. 할아버지가 아니라 보이프렌드라고. 보이프렌드라는 말에 웃음이 쿡 터졌다. 농담인 줄 알았는데 무안해하는 엄마 얼굴을 보고 나는 얼른 웃음기를 걷어들였다. 그분에게 할아버지라는 호칭은 마뜩잖고, 남자 친구라는 단어는 어색한가 보았다. 말끝을 흐리며 자리를 피하는 엄마를 따라 거실로 나왔다.

궁금증을 참지 못한 나는 다분히 의도적으로 그분과 연계하여 대화를 이어갔다. 실웃음으로 답하는 엄마의 평온함이 나에게 전염되듯 스며들면서 이유 없이 안도하는 내가 보였다. 엄마보다 두 살 아래인 그와는 일본말로 이야기하면 통하지 않는 게 없어서 좋다고 했다. 어쩐지, 어제 내가 엄마와 나눈 대화에 긴 일본어 문장이 뜬금없이 중간중간 등장한 것이 이상하더라니. 우리말로 통역까지 해가며 일본말을 했는데도 내가 눈치채지 못했구나. 이 갑작스러운 로맨스에 당황한 건 오히려 나였던 것 같다. 엄마의 일과 중에 요양사 아주머니의 도움을 받아 휠체어 타고 아파트 한 바퀴 산책하다가 이따금 노인정에 들려오는 코스가 있는데, 아마 그 과정 어디엔가 그분이 등장하나 보았다.

아버지 돌아가신 지 올해로 22년, 하루도 아버지를 그리지 않은 날이 없던 엄마의 마음자리 어디에 그분이 들어설 여지가 있었는지 의아스러웠다. 아버지에 대한 그리움은 그리움이고 현실에서의 외로움은 외로움인가. 남편의 부재로 생긴 빈자리에 허허로운 바람이 수없이 드나들었을 텐데 멀리 사는 내가 무심하여 몰랐던 것인지. 아직도 안방 벽 한가운데 아버지 영정 사진이 커다랗게 떡하니 걸려 있는데. 외출할 때마다 엄마는, 나 어디 다녀올 게요, 어디 다녀왔

어요, 라는 인사말은 아직도 잊지 않고 하시는데. 예전에는 남자 친구 비슷한 이야기만 나와도 남사스럽다며 손사래를 치시던 엄마였는데.

그분의 어떤 점이 좋으냐는 내 물음에, 예상치 못한 답이 돌아왔다. 아흔 살이 넘다 보니 가까이 지내던 사람들이 주변에서 하나둘 사라져갔고, 어느 날 돌아보니 말이 통하던 친구도 지인도 모두 떠나고 엄마 혼자 덩그러니 세상에 남겨졌더라고. 그런데 같은 시대를 산 그와 이야기하면 한국전쟁이나 일제시대 경험담뿐 아니라 서로 공감하는 과거 기억들이 끝도 없이 나온다고 했다. 엄마는 홀로 사는 외로움을 그렇게 달래고 계신 거였다.

우리말로는 표현하기 어려운 것도 일본말로 하면 서로 못 알아듣는 게 없다고. 척하면 통하는 시대적 유대감을 지닌 옛 정서가 반가웠던 모양이다. 일본말을 우리말로 바꿔 말하면 말맛이 나질 않는다, 그걸 설명한다고 네가 이해하겠냐. 혼잣말 비슷한 엄마 목소리가 귓전을 울렸다. 저물어가는 삶의 기슭에서 말벗이 된 그들을 보며, 시대를 함께한다는 것이, 기억을 공유한다는 것이 얼마나 소중한지 실감한다. 같이 기뻐하고 같이 아파하며 공감하는 친구가 일상 가까이에 있다면 그건 위로이자 행운이다.

평생 절에 다니시던 엄마와 성당에 나가신다는 그. 95세인 그분은 성당에서 봉직하던 일을 지금도 계속하신다고 했다. 종교는 달라도, 어쩌면 그래서 더 나눌 것이 많다는 그들은 한 시대의 풍파를 같이 견뎠다는 동지애 비슷한 감정으로 서로 어깨를 겯고 얼마 남지 않은 시간의 강을 건너고 있는지도 모른다. 비록 내가 상상하던 아찔한 로맨스는 아니었지만, 가슴 뭉클했다. 나는 엄마의 말을 참고하여 그분의 겉모습과 인품을 짐작해 보았다. 그들은 100년 가까운 세월을 어렵게 살아남았고, 그보다 훨씬 더 어렵다는 노년의 강을 건너는 중이었다. 조용히 안방에 들어와 아버지 사진을 올려다보았다. 엄마를 오랫동안 이승에 홀로 남겨두었으니 유죄! 그 말에 미소 짓는 아버지. 나는 애잔함이 묻어나는 아버지 웃음을 마음에 접어 넣고 돌아섰다.

산책하러 나선 길, 아파트 공원에는 30년 전에 심은 고목들이 청춘인 양 활짝 꽃을 피웠고 목련 나무는 저마다 큼직한 우윳빛 꽃송이를 매달고 있다. 벚나무는 꽃비 내리듯 눈발 날리듯 꽃잎을 떨구더니 조용히 새잎을 올린다. 난분분한 벚꽃잎을 맞으며 두 노인이 벤치에 나란히 앉아 있던 시간 속 풍경이 고즈넉하게 다가온다. 해는 마냥 짧고, 열정의 꽃을 피우던 고목들의 봄날은 속절없이 간다.

c h a p t e r — 4

등이 기억하는 온도로

채송화, 너의 이름은

아직 고개도 못 가누고 눈도 못 뜬 채로 우리 집에 온 어린 채송화. 몇 송이는 키가 겨우 내 새끼손가락만 했다. 줄기는 만지기도 조심스러운 여린 잎으로 둘러싸인 데다가, 뿌리는 제 어미의 냄새를 지우지 못한 흙을 붙들고 있었다. 갓 태어났을 때 덮었던 흙인 모양이었다. 그 하얗고 섬세한 뿌리를 에워싸고 있던 흙은, 애초부터 뿌리와 한 몸이었던 것처럼 떨어지려고 하질 않았다. "우리 집에 온 걸 환영해." 나는 늘 하던 습관대로 말을 걸면서도 손끝이 긴장되었다. 어려도 너무 어린 생명을 내가 제대로 키울 수 있을까 싶어서.

뒷마당에 그들을 내려놓으며 낯선 세상이 두렵지 않은지 표정을 살폈다. 어디에서 살고 싶을까. 단독주택인 화분일까? 잔디일까? 설마 잡초 속에? 그도 아니면 채소밭에? 그들이 원하는 거처가 궁금했지만, 나는 나의 언어로 채송화는 자기 언어로 일방적인 이야기를 한 게 고작이었다. 텃밭에 이미 자리매김한 갖가지 채소는 우리 부부의 사랑과 관심을 받으며 초록 기운을 뿜어내고 있었다. 앞마당이든 뒷마당이든 새내기 채송화가 비집고 들어갈 곳으로는 어디도 녹록지 않아 보였다.

채송화 뿌리를 감싸안고 뒷마당 이곳저곳을 노크하며 새 생명을 받아들일 수 있는지 살폈다. 온갖 생명을 운명처럼 품어온 늙은 흙이 고맙게도 가슴을 열었다. 짙은 갈색 흙은 부드러웠다. 채송화 뿌리를 그의 품으로 조심스레 들여보냈다. 주위를 서성이며 더 챙겨줄 일이 없는지 헤아리는 동안 흙은 무심한 듯 침묵했다. 그 고요의 의미가 분명하진 않았지만 긍정의 신호로 해석하자 비로소 마음이 놓였다. 뿌리가 들뜨지 않도록 흙을 눌러 덮으며 내 의지와 소망도 포개어 심었다. 그렇게 그들은 나에게 왔고 나의 채송화가 되었다. 비를 기다리는 마음으로 물을 주고 촉촉해진 흙을 감싸고 앉아 있다가, 보이지 않는 온기가 내 손바닥에 느껴질 때쯤 일어섰다. 잘 자거라. 내일 보러 오마. 나의 언어로 말했을 뿐이니 못 알아들은 건 아닐까.

실타래 같은 뿌리들을 토닥이며 간신히 묻었는데, 땅 위로 고개 내민 채송화 잎들은 분리불안을 느끼는지 불안한 눈빛으로 새로운 세상을 흘금거렸고 나에게서 시선을 떼지 못했다. 고국을 등지고 캐나다 토론토 공항에 도착했을 때 설레면서도 나도 모르게 주눅 들던 내 모습을 닮은 것 같았다. 옮겨온 세계가 결코 만만치 않으리라는 걸 그들도 알아봤을까. 이름이라도 불러줬더라면 좋았을 것을, 이름을 몰라 세 송이를 모두 "채송화"로 불렀다는 생각이 뒤늦게 들었다. 인간과 같은 공간에 거주하며 야생성을 잃고 살아가는 소수의 동물을 제외하면, 식물이나 동물에 고유한 이름을 붙이는 경우는 드물다. 나팔꽃이면 나팔꽃이지 꽃마다 다른 이름이 있는 게 아니고, 기린이면 모두가 기린으로 불리지 각자의 이름으로 불리지 않는다. 나는 갓 태어나 나에게 온 채송화에 이름을 줌으로써, 유의미한 존재로 내 마음 공간에 들여놓고 싶었는지도 모르겠다.

인간은 의미 있는 존재로 살기를 염원하며, 그에 걸맞은 이름으로 불리기를 갈망한다. 세상의 모든 존재는 타자와 구별되는 자기만의 고유한 이름이 필요하다. 언어로 자신의 세계를 인정받는다는 의미이다. 이름과 언어는 한 몸인데 언어의 옷을 입지 않은 이름이 가능한가. 언어를 통해 기억을 축적하고, 이름을 붙여 호명함으로써 개별적인 세계가 구축된다. 이름은 다른 사람과의 유대와 관계 맺기에도 필수적이다.

사람의 삶은 기억으로 이루어진다고 생각하는 나에게 언어의 뿌리는 곧 기억이다. 모든 순간은 기억으로 남고, 그 기억을 기억하지 않는 한 지나간 시간은 아무것도 아니다. 언어가 지워지면 그것이 의미하던 세계도 한꺼번에 사라진다. 이름이 없는데 무수한 채송화 무리에서 '나의' 채송화를 찾아낼 수 있을까. 정들고 길들면 아무리 똑같아 보이는 것도 구별할 수 있듯이, 관심 갖고 사랑을 주다 보면 구별하기 어려운 그들도 개별적인 고유한 존재로 인식될 것이다. 채소는 키운 사람이 주인이지만, 꽃은 보는 사람이 임자다. 많은 꽃 중의 하나가 아닌 나만의 꽃으로 만들려면 자꾸 보아 익숙해지는 시간이 필요하다. 내 마음 공간에 그 꽃들을 들여놓으며 사랑을 주는 시간이 요구된다는 얘기다.

사랑은 정체성도 바꾸게 만드는 힘이 있다. 단지 이름을 바꿨을 뿐인데 자신이 오래 머물던 세계나 가치관과 작별하기도 한다. 릴케는 사랑하는 여인의 권유에 따라 자기 이름을 바꾸었다. 여성적인 이름 '르네 마리아 릴케'에서 남자다운 매력 넘치는 '라이너 마리아 릴케'로. 루 살로메라는 한 여인을 통해 그는 자신을 묶고 있던 과거의 연약한 이미지에서 벗어나 강인한 남자로 다시 태어났다. 오랜 성향이나 삶의 철학이 이름 하나로 달라질 수도 있다는 것. 그 의미가 단순하지만은 않다.

"네가 나를 길들인다면 나는 너에겐 이 세상에 오직 하나밖에 없는 존재가 될 거야."

"세상에서 가장 어려운 일은 사람이 사람의 마음을 얻는 일이란다."

〈어린왕자〉에서 여우가 한 말이다. 누군가에게 하나밖에 없는 존재가 되는 일, 사막의 모래 속에서도 찾아낼 수 있는 존재가 되는 일, 나는 그걸 사랑의 힘이라 부르고 싶다. 내가 채송화의 마음을 얻고 내 안에 머물게 하는 방법이 있을지, 오아시스처럼 눈앞에 어른거린다.

카멜레온

변신의 귀재라는 너. 어딘가 숨어 있구나. 숨죽이고 먹이를 기다리거나, 눈에 안 띄게 몸 색을 바꾸고 언제 등장할지 살피고 있겠지. '변덕쟁이'는 카멜레온의 정체성을 표현하는 많은 별명 중 하나일 뿐이지만, 너는 그 이름이 억울하다. 어떤 세상에서는 이름이 바뀌는 것만으로 정체성이 변하기도 한다더라마는. 인간이 그렇듯 네 몸에는 무수히 많은 네가 있다. 어떤 너에게서는 상큼한 오이 향이 나고, 어떤 너는 매운 고추 냄새를 풍긴다. 어떤 너는 보드랍고 순하고, 또 다른 너는 날카롭고 독하다.

네 몸이 어떤 색으로 바뀔지는 본능적으로 결정된다. 상황에 따라 의지를 개입하여 가면을 바꿔 쓰는 어떤 고등동물과는 다르다. 네 몸에 내장된 밈(meme)에 의해 갈아입을 옷 색깔이 달라진다지. 너는 가위와 바늘과 실이 필요 없는 재단사다. 아니, 천부적인 표현 예술가, 붓도 물감도 필요 없는 바디페인팅 예술가(Bodypainting

Artist)라 할까.

야생의 세계에서 신변을 보호하거나 방어할 때, 장미나 선인장은 가시를 세운다. 거북이나 달팽이는 몸을 옴츠려 단단한 껍데기 속으로 숨어버리지. 독버섯이나 복어처럼 체내에 독성을 품기도 하고 무당개구리나 너처럼 몸 색깔을 바꿔 변신을 거듭할 수도 있다. 고등동물이라고 한들 처세술이 다르면 얼마나 다를까.

다른 동물에게도 너 같은 성향이 있을까? 인간에게는 자기만 색깔이 다르면 소외될지 모른다는 불안감이 있다. 아무리 강인한 사람도 혼자가 되어 외로운 건 두렵지. 소속감이라는 고치 속에서 존재감을 인정받고 싶어 여러 가면을 바꿔 쓴다. 타인의 무리에 섞이려고 애쓴다는 점에서 그들은 너와 비슷하면서도 다르다. 너는 나뭇잎 색깔이나 나뭇가지 색으로 위장하여 천적을 교란할 줄 안다. 인간의 고등한 소통 방식이 언어라면 너는 몸 색깔을 바꾸는 비언어적 방법으로 교감하고 소통한다지. 인간의 숱한 갈등과 반목이 언어의 모호함과 굴절과 왜곡에서 빚어진다고 의심하는 나는, 하등동물의 비언어적 소통의 단순함과 명료함에 매료된다. 화가 나면 불그락푸르락 독성을 가장하여 위협하고, 우울하거나 두려우면 어두운색으로 변하며, 만족하거나 잘 보이고 싶으면 밝아지는 너. 그렇게 몸 색을 바꾸는데 1분이 채 안 걸리니 연기자 뺨치는 능력을 지녔더구나. 그걸 어떻게 아느냐고? 너를 다룬 다큐멘터리 프로그램을 봤단다.

변화에 잘 적응하는 종(種)이 도태되지 않고 진화를 거듭한다. 몸집이 커서도 아니고 용맹해서도 아니고 영특해서도 아니다. 목숨을 보존하려면 적시에 남의 눈에 띌 줄도 알고 은신할 줄도 알아야 한다. 천적의 눈에 띄는 것은 치명적이지만, 암컷의 눈에는 잘 보여야 번식의 임무를 수행할 수 있다는 불문율도 알아야겠지. 어떤 동물 세계에서든 고개 숙여야 할 때와 허세 부릴 때 정도는 구별해야 살아남는다. 약육강식이라는 문법이 분명한 생태계에서 절체절명의 순간을 넘기기 위한 것이 변신술이고 위장술 아니더냐. 너는 생존을 위한 공식에 충실할 뿐인데, 경박한 기회주의자나 변심과 배신을 밥 먹듯 하는 자들을 카멜레온이라는 네 이름에 빗대어 표현하니 너로서는 억울할 수도 있겠다.

네가 모습을 드러내는구나. 너의 독특한 눈은 감시카메라처럼 360도 회전이 가능하다지. 그것도 양쪽 눈알을 따로따로 굴릴 수 있다니. 뒤편을 볼 수 없게끔 진화한 다른 동물로서는 어처구니없는 불공평함이라 하겠다. 하지만 삶에서 수없이 겪는 불공평함을 인정하면 마음이 덜 복잡하리라. 풀 멍하던 사마귀 한 마리가 네 시선에 잡힌다. 뭔가 휙 스쳐 간 것 같은 순간, 네 몸의 길이보다도 긴 혀를 활 쏘듯 싹서 너는 어느새 먹이를 낚아챈다. 1초가 채 안 되는 찰나에 일어난 일이다. 횡재가 따로 없는 날이지만, 죽은 듯 손끝 하나 까딱하지 않고 기다린 너의 인내심도 보통은 아니더구나. 방심은 금물. 천적이 헛물켜고 돌아설 때까지, 먹잇감이 무장 해제할 때까지 피 말리는 긴장감을 견딘 결과가 아닐까. 인내심을 갖고 기다리는 일은 어느 세계에서도 덕목이겠지.

살다 보면 느닷없는 배신과 공격에 상처 입기도 하고 근거 없는 비난에 무기력해질 수도 있다. 적이 없다면 불편할 일도 불쾌할 일도 없겠지만, 언젠가는 필요할지 모를 면역체를 키울 기회도 사라진다는 게 흠이라면 흠이겠지. 천적이 없다고 좋은 것만은 아니라는 말이다. 천혜의 환경에서 천적 없이 살다 보니 날개가 퇴화하여, 날개가 있어도 날지 못하게 진화한 뉴질랜드의 키위새를 보자. 변덕쟁이라고 손가락질당한다 해도 무시로 몸 색깔을 바꿔 변화에 적응해 간다면, 안온한 무풍지대에서 날개 기능을 잃고 아예 날지 못하는 키위새보다는 낫지 않을까.

네 몸 색이 환해진다. 무슨 기분 좋은 일이 있는 모양이지. 사랑에 빠졌을 때 색깔이 화려해지는 수컷으로서 암컷을 차지했다는 의미인가. 하지만 위기를 넘긴다고, 최선을 다한다고 반드시 좋은 결과를 얻는 것은 아니더구나. 세상일에는 운도 따라야 하거늘. 어쨌거나 너의 바디페인팅은 초극의 예술이다. 너의 별명인 변덕쟁이는 나쁜 의미가 아니라 변화에 잘 대처한다는 뜻이라고 이해하려무나. 빠른 시대의 변화에 적응 못 하는 어떤 고등동물들은 오늘도 고뇌가 깊을 것이다.

나는 왜 걷는가

아침이 오는 소리가 부드럽다. 억지로 잠을 깨우려고 하지 않는 가만가만한 빛의 소리다. 아침 햇빛을 음미하며 이불 속에서 게으른 시간을 누린다. 잠자리에서 맛보는 길지도 짧지도 않은 그 시간의 고요 속에는 밤사이에 응축된 어떤 기운이 들어 있다. 그 힘으로 나는 아침의 문을 열고 하루를 걷는다.

새가 나는 법을 잊어도 다시 날고, 동물이 걷는 법을 잊어도 다시 걷듯이, 한 달째 잊고 지내던 걸음을 다시 시작하고 있다. 과거의 나는 걷는다는 의식도 없이 당연한 듯 걸었지만, 오늘의 나는 무겁고 신중하게 발걸음을 옮긴다.

산다는 건 어디론가 끊임없이 걷는 일인지도 모른다. 자신만의 길을 홀로 걷기도 하고 남들과 동행하기도 하면서. 내 앞의 길은 내가 만들어가야 한다. 나는 그 소박한 꿈을 안고 집을 나선다. 더 멀리 더 빨리 걷기보다는 원래 내가 있던 자리로 돌아가려는 노력이다.

어제 스무 걸음 걸었다. 오늘은 몇 걸음이나 걸을 수 있을지. 숨도 크게 못 쉬고 몇 발짝 걷고 나서 하늘을 바라본다. 얼마나 많이 넘어지고 일어서며 배운 걸음이던가.

시작은 별것 아니었다. 산책하는데 갑자기 왼발 느낌이 이상했다. 오른발을 디뎠는데, 다음 발을 내디디면 안 된다는 몸의 신호를 직감했다. 뭔가 잘못됐구나. 궤도를 탈선하기 직전에 기차가 느끼는 기묘한 심정이 이럴까. 어떡하나, 집을 나선 지 몇 분 지나지도 않았는데 여기서 집으로 돌아가야 하는가. 낯선 곳에서 방향을 찾을 수 없어 불안하던 기억이 하루살이처럼 몰려들었다. 하지만 여기는 이십 년 가까이 살아온 동네다. 날씨도 좋고 기분도 좋고 작은 돌멩이 하나 걸리적거린 것 없이 잘 걷고 있었다. 과거의 경험으로 미루어보면 내 직감은 신뢰할 만한 수준이 아니다. 설마, 하며 왼발을 내디뎠다. 무게가 실리는 순간 발목에서 쇳소리 같은 삑 소리가 났고 그 소리에 찔린 것처럼 아팠다. 모든 게 일시에 멈춰버린 듯 그때부터 나는 한 걸음도, 정말 한 발짝도 걸을 수가 없었다.

병원에서 검사도 하고 약도 받아왔지만, 골절도 아니고 다른 이상이 발견되지도 않았다. 담당 의사는 발목이 어떻게 아픈지 물었다. 자세하게 설명하고 싶었지만 나의 통증 관련 어휘는 턱없이 부족했고 그 수준으로는 아픔이나 고통의 절반도 표현할 수가 없었다. 의사도 나의 통증에 대해 언어로 공감하려 하지 않았다. 그에게는 수

치로 환산된 고통 지수가 필요해 보였다. 나는 글을 쓸 때보다 의사 앞에 섰을 때 내 언어의 빈한함을 더 절실히 느꼈고 모국어로 기본적인 소통조차 어렵다는 사실에 외로웠다. 극단의 고통을 누구와도 나눌 수 없다는 자각은 두려움을 불렀다. 의사는 발을 무리하게 사용해서 그렇다고, 처방 약 바르면서 쉬라고 했다. 전혀 무리하지 않았는데, 그런데도 균열이 생길 수 있구나. 순한 바닥을 걷는다는 것이 운 나쁘게 인생의 모서리를 잘못 밟았던가.

걷지 못하는 한 달여 동안, 걸을 수 있다는 게 얼마나 큰 기쁨인지, 발이 얼마나 소중한지 절절하게 느꼈다. 자기 성찰을 할 수 있다는 점에서, 마음을 정리할 수 있다는 점에서도 걷기는 친구 삼을 만했다. 걷기의 많은 장점 중에, 걸으면서 두 발로 사유할 수 있다는 점을 내가 좋아하는지도 모른다. 모서리도 모퉁이도 없이 확장되어 가는 사유의 시간이 나를 자유롭게 하고 나는 그 자유로움을 즐기고 싶은 것이리라. 걷는 행위는 다리 운동이지만 실은 뇌 운동이고 마음 운동이다. 생각을 담은 마음으로, 혹은 생각을 비운 마음으로 리드미컬하게 다리를 움직이는 수련 행위다. 시야가 트이고 사유가 깊어지며 마음이 넉넉해진다. 걷는 동안, 나도 모르던 나를 발견하기도 하고 익숙하던 세계가 전혀 다른 신선한 모습으로 나타나기도 한다.

살아있음을 증거하는 것은 움직임이다. 움직이느냐 멈추었느냐

하는 것은 삶과 죽음을 가르는 기준이 되기도 한다. 그건 단순히 걷고 싶다는 욕구를 넘어선다. 나의 하루는 욕망과 당위의 경계를 넘나들며 이어진다. 욕망은 잘만 다스리면 시들어가는 삶에 활기를 불어넣는 동력이 될 수 있다. 오늘치 걸을 수 있는 만큼만 내 인생길을 매일 꾸준히 걷는 일, 그것이 내가 할 수 있는 일이고 해야 하는 일인지 모른다. 제 발로 걷는 일만큼이나 중요한 것은, 넘어지거나 주저앉은 자리에서 일어설 줄도 알아야 한다는 것이다. 그러려면 스스로 일어설 힘을 길러야 한다. 나도 의사도, 발이 아픈 원인은 찾을 수 없었으나, 시간은 흘렀고 조금씩 걷는 동안 아픔도 희석되어 지나갔다.

왜 걷는지 무수히 물었고 답을 찾으려 노력했다. 얻은 것이 무엇인가. 태어난 이유를 알 수 없듯이 걷는 데도 아무런 이유도 없었을까. 나는 자연 속에 출렁이는 에너지가 내 걸음을 밖으로 유인한다고 믿었다. 손짓이나 몸짓이 말 없는 말이라면, 발걸음은 한 사람이 다녀간 삶의 흔적이다. 걷고 걸어 도착한 황혼 무렵, 살아온 시간을 복기한다. 태어난 이상 살아야 하고 그 과정에서 좋은 일만 겪을 수는 없다. 나쁜 일이라고 피할 수도 없다. 숱하게 넘어지고 일어서며 단련하는 인생길, 상처 입은 자리가 아물면 겉으로는 딱지가 앉고 속으로는 내성이 생긴다.

내 몸에는 매일 하루치 무늬가 새겨진다. 오늘 어떤 무늬를 새겼는지 생각하며 잠자리에 든다. 눈을 감고 이불자락을 턱밑까지 끌어 올려도 잠들지 못하는 밤, 하루를 돌아보던 시간은 사라지고 잠을 부르던 기억만이 남아 있다. 밤새 닫혀 있던 문을 열면, 어제를 잊은 눈 시린 하루가 쏟아져 들어올 것이다. 그리고 새로운 길이 열릴 때의 설렘과 희열이 그리워 나는 다시 길을 나설 것이다.

석양에 물든 갈대숲

며칠 연이어 내리던 가을비가 걷히고 모처럼 하늘이 제 색을 찾은 날. 단짝 친구가 교실 창밖을 내다보며 자기는 갈대밭에서 결혼식을 올리는 게 꿈이라고 했다. 뜬금없는 그 말에 그녀 앞뒤에 앉았던 우리는 왜 하필이면 갈대밭이냐며 몸을 젖혀 까르륵 웃었다. 지구 어디에도 없을 것 같은 낭만 결혼식을 상상하던 사춘기 소녀들이었다. 석양의 갈대숲과 하얀 드레스가 환상일 거라며 그 친구는 꿈꾸는 듯한 표정을 지었고 서울내기들은 이유도 없이 자꾸 웃었다.

동네 숲길을 산책하다가 우연히 들어선 갈대숲. 그건 우연이 아니라 옛 시절 기억이 나를 거기로 데려간 것 같았다. 하루를 접는 태양이 내 키를 넘는 갈대밭을 노랗게 물들이고 있었다. 드넓은 갈대 습지에 역광으로 내리쬐는 빛은 아름다우면서도 장엄했다. 갈대 머리마다 금빛 햇살이 스며드는 광경은 경이로웠다. 아무리 능력 있는 사진작가라도 이 환상 같은 정경을 사진에 담기는 어렵겠구나. 세상에는 언어가 감당하지 못할 장면도 있을 터. 그 친구가 말한 갈대숲 낭만이라는 게 이런 것이었을까. 갈대밭 석양을 배경으로 바람에 흔들리는 신부의 드레스는 얼마나 비현실적으로 우아할까.

고등학교 졸업하고 그 친구를 만난 건 그녀의 결혼식장에서였다. 금빛 출렁이는 고아한 갈대밭 꿈을 잊었는지 차가운 현실에 눈뜬 건지, 그녀는 갈대숲이 아닌 시골 읍내 결혼식장에서 평범한 신랑 신부들이 그렇듯 후딱 삼십 분 만에 식을 마쳤다. 그러고는 신랑이 운전하는 작은 트럭에 몸을 싣고 신혼여행을 떠났다. 트럭 뒤 화물칸에 올라앉은 신부 얼굴은 웃고 있었는데도, 나는 내 안에 고이 간직하던 낭만이 뭉텅 사라진 듯 허탈했다. 갈대밭 환상은 나만의 것이었던가. 그녀가 왜 드레스 차림으로 트럭에 올랐는지, 왜 신랑 옆자리가 아닌 화물칸에 탔는지 몰랐기에 그 이유는 오롯이 내 상상의 영역에 머물렀다. 나의 상상은 호의적이지 않았다. 긴 꼬리처럼 바람에 날리는 면사포 자락을 애써 낭만이라 우겨 보았지만, 나 자신도 설득하기 어려웠다. 결혼식장을 뛰쳐나와 도망치는 영화 속 신부처럼, 트럭 뒤 칸에서 하얀 면사포가 바람에 너울거리는 것을 지켜보던 슬픔만 쓸쓸히 남았다.

몇 년 후 나도 결혼했다. 맞선 본 남자와 세 번 만나고 편지만 주고받다가 올리는 밋밋하고도 평범한 결혼식이었다. 호화로운 결혼식을 꿈꾼 적은 없어도 삼십 분 만에 식을 치르기는 그 친구나 나나

마찬가지였다. 식장 가득 장식했던 백장미를 소박한 낭만으로 기억할 법도 한데, 아찔한 사건이 일어나는 바람에 고아한 분위기를 잃고 말았다. 신랑 신부 퇴장에 이어 양가 사진 촬영이 막 끝날 무렵, 식장 밖 복도에 있는 텔레비전에서 속보를 전했다. 가슴 서늘한 뉴스였다. 중공군이 비행기를 몰고 왔다고 공습경보를 울리고 20분 만에 해제된 에피소드였다. 드레스를 벗어야 할지 입은 채 대피해야 할지 갈등하던 시간도 이제는 멀리 가버린 그리움이 되고 말았다.

갈대밭에 노을이 내리면, 누르스름한 배경에 흐릿한 몇 가닥 선으로 단순화된 원경을 보듯 아득해진다. 인간 세상을 닮았는지 중년에 접어든 갈대는 여유만만한 갈색이지만, 노년의 갈대는 추레한 누런색을 띤다. 새로 올라오는 뾰족한 초록 잎들이 무릎께에 이를 무렵이 갈대의 중년이라면, 다 자라서 가슴께까지 올라올 즈음은 그들의 노년이다. 그들이 마른 바람에 서걱거리면서도 눕지 못하는 것은 어린 갈잎들이 올라올 때를 기다리는 까닭이다. 어린것들이 얼른 자라기를 고대하는 그들이기에, 흙이 부르기 전에는 누울 수조차 없다. 초여름 무렵까지 의연히 서 있던 갈대가 어느 날 풀썩 꺾이며 드러눕듯 무너진다. 한번 쓰러진 갈대는 일어나지 못한다. 식물이 눕는 것은 휴식이 아닌 영구 소멸을 의미한다. 쓰러져 누운 늙은 갈대의 몸이 어린것들의 양분이 되는 동안에는 갈대밭도 침묵한다. 어린 새끼들에게 제 몸마저 내주는 가시고기의 사랑이 강물에 있다면, 갈대

숲에는 늙은 갈잎의 순일한 내리사랑이 있다.

계절이 또 한 번 바뀌려는가 보다. 갈대숲에는 여름 한철 잠시 초록이 빛난다. 소리에도 색깔이 묻어 있는지 어린것들의 사부작거리는 소리는 초록이고 다 자란 것들의 서걱거리는 소리는 갈색이다. 갈대밭 여름은 한 세대가 바뀌는 자연의 질서를 목도하는 계절이기도 하다. 어린 갈대에 자리를 내주고 꺾여 누운 갈대를 보면, 무슨 이유로 오래전 그 친구의 친정어머니를 떠올리게 되는지. 드레스 자락 휘날리는 어린 신부 뒤에, 고운 한복을 입고 쪽찐 할머니 모습이 얼비친다. 6형제를 두고 늦은 나이에 얻은 막내딸 결혼식만 끝나면 이승에서 할 일은 다 한 거라며 눈물 글썽이던 등이 굽은 갈대. 지금쯤 마음의 짐을 덜고 떠났을까.

갈대숲이 금빛을 띠는 시간이면 외로움이나 쓸쓸함을 벗어버린 낭만의 드레스 자락이 일렁이는 것만 같다. 트럭에서 내린 면사포는 어디를 날고 있을까. 가을이 익을 때쯤이면 갈대도 다시 서걱거리는 소리를 내며 울 텐데. 바람에 누웠다가 바람에 몸을 일으키면서 또 한 번의 계절을 날 터인데.

조각상이 된 사랑

당신 이름은 카미유 클로델. 많은 이들에게 오귀스트 로댕의 연인으로, 로댕의 뮤즈로 불리는 조각가다. 나는 한 청동 조각상을 보며 당신을 생각한다. 한때 예술계를 놀라게 하고 이름을 널리 알리며 질주하던 당신은 이제 그 조각상 안에서 영면한다. 한 남자를 향한 뜨겁고 비통했던 사랑을 달리 표현할 방법이 없어 〈중년〉이라는 조각상 속에 자신을 새겨 넣었으리라는 내 짐작이 맞을는지.

조각상에는 한 여자 옆에 로댕이 서 있고 당신은 로댕의 발치에 무릎 꿇고 앉아 애원하듯 그를 향해 두 팔을 내밀고 있다. 남자는 당신을 외면하고 있지만 뒤로 뻗은 그의 손가락은 당신 손끝에 닿을 것만 같다. 잡을 듯 잡지 못하는 두 손은, 사랑 너머 내가 알지 못하는 다른 의미가 있는가. 로댕의 침통한 얼굴과 당신의 애절한 표정은 마치 살아 있는 것처럼 생생하다.

뒤에서 자기를 품어 안고 서 있는 여인 로즈에게 로댕은 지친 듯 몸을 맡기고 있다. 로댕의 아들을 낳아 키우며 무명 시절부터 중년에 이르도록 한결같이 순종하고 헌신했다는 여인이 로즈다. 남자의 등에 몸을 밀착하고 그를 두 팔로 감싸 안은 그녀의 주름이 깊다. 로댕은 비통스러운 표정이고 늙수그레한 로즈는 지친 남자를 부드러운 숨결로 위무한다. 그는 조강지처 같은 그녀에게서 벗어날 수 없겠구나.

'로댕의'라는 수식어를 벗어나지 못하는 당신은, 이루지 못한 사랑을 조각상을 통해 이야기하려는가. 예술에도 사랑에도 도도하고 자신감 넘치던 당신인데, 어떻게 눈빛이 그토록 처절하게 변했는지 내 몸이 저릿하다. 로댕은 당신을 비운의 여인으로 만든 남자이지만, 아이러니하게도 당신을 구원할 수 있는 유일한 존재이기도 하다. 그는 자기 뒤에 꿇어앉은 당신의 젊은 손을 잡고 싶어도 앞에서 끌어당기는 주름진 로즈의 손에 저항할 도리가 없다. 누구라고 원하는 모든 것을 손에 쥘 수 있으랴.

조각에 재능을 인정받던 당신은 열아홉 살에 로댕의 작업실 문을 두드린다. 눈부신 미모와 타고난 예술적 재능을 겸비한 갓 피어난 꽃, 당신을 본 로댕의 가슴에 이름 모를 불꽃이 일고 당신들은 강렬한 불길에 휩싸인다. 당시 로댕은 마흔셋, 예술계의 중견이자 생의 중년에 이른 남자다. 아무리 휘황한 사랑도 나이 들면 빛이 바랜다는데 그의 중년, 앞길이 괜찮을까.

당신은 로댕의 이중적 사랑을 이해하지 못한다. 드라마 같은 삼각

관계에서 로즈의 질투와 로댕의 우유부단함이 몰고 올 파장을, 명민한 당신이 아무려면 몰랐을까. 로즈가 있는 한, 당신에게 그 남자는 오를 수 없는 나무다. 작품에만 몰입하던 당신과 달리 사교모임에 관심 쏟던 그는 당신 작품이 예술계에서 주목받자 견제하기 시작한다. 그와의 애정 관계가 끝날 무렵, 사랑으로 빛나던 세월의 흔적은 먼지로 흩어지고 당신 삶은 소용돌이 끝에 무너져 내린다.

걷잡을 수 없이 타오르는 사랑과 분노를 승화시키고자 창작에 매달리던 당신을 보며, 오래전 내 삶을 일으키고 지탱해 준 글쓰기를 생각했다. 견고하던 일상이 무너지는 건 순식간이었다. 있었는지조차 모르던 작은 균열이 몸을 병들게 했고 공교롭게 그 시기에 마음까지 다쳐 좌절했다. 인간관계에서였다. 상처를 끌어안고 속수무책으로 휘청거리던 시간. 내가 글을 쓰지 않았더라면 무너진 마음을 어떻게 수습할 수 있었을지. 바닥난 체력으로는 채 10분도 글쓰기에 집중하기 어려웠다. 하나 그 10분이 여섯 번 모이면 한 시간이 된다는 걸 깨달았다. 온전한 작품을 쓰진 못했지만, 문학이라는 우산이 있어 쏟아지는 아픔과 고통의 빗줄기를 견딜 수 있었다. 상처를 글 속에 녹여냄으로써 1년 남짓한 지독한 고통의 터널을 벗어날 수 있었다.

카미유, 당신은 어떠한가. 당신이 불후의 걸작을 탄생시켰어도 그 대가는 혹독하다. 로댕은 그 조각상이 자신의 사생활을 노출함으로써 명성에 흠집 낸 것에 격분하여 당신 작품을 매장하고 결별을 선언한다. 그는 자기 명성과 당신과의 사랑 두 가지를 저울에 올렸고, 저울은 당신의 예상을 깨고 반대편 쪽으로 기운다. 카미유라는 자신의 존재가 예술계에서 지워지자 당신은 극도의 혼란에 빠져 정신적 균형을 잃고 만다. 거부할 수 없는 운명처럼 다녀간, 한 남자를 향한 사랑이 그토록 냉혹한 허상이었던가.

눈물의 의미를 카타르시스와 동일시하는 나는 눈물조차 흘릴 수 없던 한 여자의 마음을 조용히 들여다본다. 가정에서 사랑받지 못하고 성장한 탓에 평생 허기가 졌을 당신. 당신은 모든 것을 던져 불사른 로댕과의 사랑에 제 몸마저 태우고 만다. 로댕은 어머니 품속 같던 로즈에게 돌아간다. 예술을 포기할 수 없던 그에게는 야생마처럼 길들지 않는 당신의 사랑보다는, 순종적이고 안정된 로즈의 사랑이 더 필요했는지 모른다. 조각상 〈중년〉은 그렇게 모두의 아픔을 가만히 담아내며 카미유의 이름 아래 존재한다. 모든 것을 체념하고 운명의 손에 고단한 생을 통째로 맡긴 듯한 로댕이라는 남자를 작품에 현연히 담아낸 당신은 과연, 예술계의 뮤즈라 하겠다.

그 후 정신병동에 버려진 채 홀로 차디찬 추억을 되새김질하며 30년이란 세월을 외롭게 몸부림치다가 생을 마감한 카미유. 그녀는 알았을까. 비록 현실에서는 상실된 사랑의 흔적만 허공에 떠돌았지만, 조각상 안으로 들어간 카미유는 세기의 명작으로 세인의 관심과 사랑을 받으며 오래도록 살아 숨 쉬리라는 것을.

두 얼굴

1월의 숲이다. 겨울 볕이 내려와 누운 자리에 눈이 녹고, 물 머금은 흙이 발걸음을 따라오며 젖은 소리를 낸다. 소요와 고요, 채움과 비움, 빛과 그림자가 무심한 듯 어울려 지내는 숲에서 나는 야누스 신의 숨결을 느낀다. 영어 단어 January의 어원이 된 로마의 야누스(Janus) 신은, 앞면이 얼굴이고 뒷머리가 있어야 할 반대편도 얼굴인, 두 얼굴의 사나이다. 1월은 양력으로는 새해이지만 음력으로는 여전히 묵은해이다. 지난해의 문과 새해의 문이 같이 열려 있는 1월은 두 얼굴을 가진 야누스를 상징한다. 과거가 되어버린 갈색 잎들과 메마른 나뭇가지 속에서 새싹을 준비하는 미래가 공존하는 겨울 숲. 그를 닮은 1월의 숲에서 내가 걸어온 한 해를 돌아본다. 반가운 기억들은 가볍게 떠오르고, 지우고 싶은 무거운 기억들은 고개를 숙인다.

내가 야누스 신을 처음 만난 것은 고등학교 세계사 수업 시간이었다. 물의 신, 불의 신, 사랑의 신처럼 그는 출입문을 지키는 신이었다. 세상의 들고나는 모든 문을 지키며 과거와 미래를 관장하는 신, 야누스. 문의 안쪽 세계와 문밖의 세계를 두 얼굴로 동시에 살피며, 기회를 가지고 찾아오는 미래에 문을 열어주기도 하고 문을 닫아 과거로 만들기도 했다. 그뿐만 아니라 시작과 끝, 전쟁과 평화, 성공과 실패와 같은 서로 대척점에 있는 것들도 관장했다고 하니, 인간 삶의 본질 자체를 다루는 신이 아니었을까. 나는 그런 그에게 외경심마저 느꼈다.

과거와 미래의 문을 지킨다는 말은, 삶과 죽음의 영역까지도 관여할 수 있다는 은유일 수 있다. 그는 삶의 상반된 일들을 조화롭게 중재하며 공존하도록 하는 역할을 맡는다. 하지만 얼굴이 둘인 양면성, 이중성을 말할 때도 흔히 야누스를 닮았다고 표현한다. 문학에서 그의 이중성을 다룬 작품이 적지 않다. 헤르만 헤세는 〈데미안〉에서 자아의 어두운 면과 밝은 면, 의식과 무의식, 선과 악을 조명하며 인간이 지닌 양면성을 이야기한다. 한 인간에게 동시에 존재하는 이중 삼중의 속성들이 어쩌면 인간의 진정한 모습일 수도 있다. 이들은 서로 충돌하면서도 공존하고, 변화하면서도 균형을 유지한다. 이 말은 이분법적 흑백 논리에 갇히지 않고 포용할 때 고정관념이나 편견, 자기기만에서 벗어날 수 있다는 의미인지도 모른다.

생물이든 무생물이든 세상에 존재하는 것 중 시간과 공간에 발 담그지 않는 것은 없다. 생성하면 소멸하고, 시작이 있으면 끝이 있게 마련이라는 것만큼 분명한 사실은 없다. 이러한 순환 고리를 통해 생물은 자연의 질서를 이해하고 순응하게 되는가 보다. 시간이라는 단어 자체가 인간의 편의를 위해 만들어낸 가상의 추상적 개념이지만, 누구도 시간의 영향력에서 벗어나기는 어렵다. 나눌 수도 끊을 수도 없는 시간을 하루, 한 달, 일 년 등으로 구분하여 사용하는 유일한 존재가 인간인데, 아이러니하게도 인간만이 시간의 굴레를 무겁게 의식하며 살아간다. 때로는 붙잡으려고 안간힘을 쓰고 때로는 그 중압감에서 벗어나려고 몸부림치면서.

시간에도 긍정과 부정의 두 가지 측면이 있다. 아무리 사나운 미래가 굴러오더라도 현재라는 터널을 지나면서 대부분은 위력을 잃고 과거라는 이름에 묻혀버린다. 모든 순간은 지나간다는 말이 설득력을 얻는 이유이다. 하지만 모든 결미가 해피엔딩은 아닌 것처럼, 더욱 사나워진 미래가 현재를 압도하고 장악하기도 하니 시간의 양면성을 인정하지 않을 수 없다.

지인 중 한 사람은 고속도로에서 운전하다가 사고를 냈는데 그 여파로 몇 년이 지난 지금까지도 고속도로에 들어서지 못한다. 긍정적인 과거 체험은 현재의 선택이나 결정에 자신감과 용기를 주기도 하지만, 그때와 똑같은 결과가 나오리라는 선입견의 영향으로 잘못된 선택을 할 수도 있다. 어떤 일이든 반복되면 패턴을 이루고 일단 패

턴이 형성되면 사고 능력이 감소하기도 한다. 과거에 부정적인 결과를 낳은 경험에 사로잡히면 현실에서 선택의 폭이 좁아진다. 경험은 참고할 사항이지 무조건 신뢰하고 따를 일은 아닌 듯하다.

과거에서 고개를 돌려 1월의 다른 얼굴인 미래를 바라본다. 나의 과거와 미래를 온전히 이해하고 진심으로 사랑할 수 있는 존재는 나밖에 없다. 내 삶의 여정은 '나'를 만들어가는 외롭고도 고독한 길이다. 어쩌다 보면 올해도 훌쩍 지날 것이다. 걸음을 멈춰 세우는 1월. 과거를 돌아보는 문보다 미래를 향한 문을 열고 싶다. 문 하나를 조심스레 열고 안을 들여다본다. 어떤 광경이 펼쳐질지 설렘과 두려움이 밀려든다. 1월이 오면 기대와 망설임 속에 야누스의 문 앞에 서게 된다. 다가오는 미래를 담담하게 받아들여 한 발짝씩 성숙하고 싶다는 바람인지.

겨울나기

바람에 겨울 냄새가 묻어오면 겨울 채비를 해야 할 때다. 집 근처 숲길을 걸으며 붉게 물든 단풍에 마음을 빼앗기고, 윤슬로 눈부신 호숫가를 산책하고, 잎을 떨군 빈 나뭇가지에 쓸쓸한 시선을 주면서 그렇게 가을을 보냈다. 보내지 않아도 가는 가을, 오라 하지 않아도 오는 겨울. 나는 다시 겨울 앞에 서 있다.

올 겨울나기 준비는 화초 옮기는 일로 시작했다. 뒷마당 화분을 집안으로 들여놓자 여섯 개의 독립된 화분이 거실 창가에 한 줄로 나란히 놓였다. 이제 그들은 각자의 공간에서 겨울을 나며 우리 부부의 삶에 조용히 동참할 것이다. 옹기종기 들어앉은 화초를 바라보며 김치 몇 포기를 담갔다. 매운 겨울을 순하게 풀어주리라는 기대감이 아마 김치맛에 배어들었을 것이다. 글쓰기를 위해서는 긴 겨울 동안 무엇을 해야 할까. 동면에 들어가 나만의 생각을 궁굴리면 겨울잠을 잔만큼 웅숭깊은 글을 쓸 수 있을까. 인생의 사계절 중 가장

길다는 겨울나기는 또 어찌 준비해야 할지.

우리 집 화분 식물 중 덩치가 제일 큰 제이드 플랜트가 얼마 전부터 이유도 모르게 시들거렸다. 초록으로 빛나며 다육식물처럼 두툼하던 잎들이 누렇게 쪼글쪼글 말라갔다. 잎갈이를 하는지 병이 들었는지, 슬쩍 건드려도 쪼그라든 잎들이 툭 툭 소리 내며 떨어졌다. 제이드 플랜트는 식탁의 내 의자와 붙어있다시피 해서 밥 먹을 때마다 습관처럼 살펴보게 되는데 무엇이 문제인지 알 수가 없었다. 무엇인가를 돌보는 일은 많은 것을 요구한다. 시간과 노력뿐 아니라 관심과 사랑과 배려와 인내심이 필요하다. 겉으로 드러나지 않는 뿌리에 탈이 났으면 어쩌나 싶었다.

식물은 제 몸의 상반신만 공개할 뿐 삶의 근원인 뿌리는 흙 속 깊이 묻어 두고 누구에게도 내보이지 않는 비밀스러운 존재다. 분갈이할 때나 잠시 엿볼 수 있는 그들의 은밀한 부위는 깊고도 섬세하다. 뿌리를 둘러싸고 있던 흙을 모두 털렸을 때조차 동요하지 않는 식물의 심지(心志)란 어떤 것인지. 흙 속으로 뻗은 나무뿌리의 깊이를 알 수 없듯이, 인간의 근성이나 심지 또한 깊은 내면에 들어있어 가늠하기 어려운 것이리라.

안으로 들여놓은 지 보름 만에 제이드 플랜트가 꽃 필 조짐을 보인다. 기다리는 새잎은 돋지 않고 발그레한 꽃봉오리들이 무리 지어 헐렁한 잎 사이를 채우고 있다. 작년에는 뭉게구름처럼 하얀 꽃이 피더니만, 올해는 왜 분홍일까. 색깔이나 향기는 꽃의 언어다. 나는 그들의 언어는 모르지만 상태를 짐작할 수는 있다. 아플 때는 아프다고, 섭섭할 때는 섭섭하다고, 기쁠 때는 기쁘다고 온몸으로 표현하니까. 식물은 존재감을 드러내려고 독한 향기를 뿜어내기도 하고, 홀로 있고 싶어 평생 향기를 몸 안에 머금고 살기도 한다. 가까이 들여다보면 인간의 성품과 별로 다를 바도 없다.

나는 병들거나 말라죽은 부분을 잘라버리기는 해도 화초를 나의 미적 기준에서 가지치기하지는 않는다. 전지하지 않은 숲의 나무는 정원수처럼 정갈하고 매끈하진 않아도 자유로운 영혼이 깃든 야생의 미가 느껴진다. 숲이라는 공간에서 태어난 나무는 인간의 손길이 없어도 '제멋대로' 잘 자란다. 내가 내 멋대로 살아보지 못해서인지 나는 그 '제멋대로'가 좋다. 인간 손길이 닿는 실내에서 제멋대로 자라기는 쉽지 않겠지만 식물도 자기 나름의 생존법이 있을 테니 그들에게 맡겨두기로 한다.

꽃 피고 열매 맺기를 기대하는 나의 욕심은 내 멋대로 자란다. 미련이나 집착이 없는 삶은 얼마나 가뿐한가. 하지만 나의 일상에 싹 트고 뿌리내리는 기다림과 미련은 버릴 수 없는 희망처럼 질긴가 보다. 어쩌면 식물은 인간의 기준으로 만들어낸 의미나 아름다움 같은 것에는 관심도 없을지 모른다. 그저 때가 되면 잎을 올리고 꽃 피우고 열매를 떨구면서 살아가는 게 아닐까.

나의 무지나 시행착오로 인해 나는 종종 식물을 죽음에 이르게 한다. 그것이 나에게는 숱한 실패 중 하나일 뿐이라 해도, 그 대상이 생명일 때는 한 세계가 붕괴하는 것이니 마음이 편치 않다. 그러나 지나치게 식물에 인성을 부여하는 것은 조심한다. 사람도 태어나면 늙고 병들고 죽는다. 그 과정이 언제 어떻게 실현될지는 아무도 모른다. 식물이 말귀를 알아듣고 사랑을 느낀다고도 하지만, 나는 그들을 키우며 필요 이상의 감상에 갇히지 않으려고 노력한다.

골고루 해바라기하게 하려고 햇빛 드는 쪽으로 화분을 요리조리 돌려놓는다. 한동안 무심히 놔두면 짱구 머리처럼 한 방향으로만 삐죽 자라다가 몸의 균형을 잃기 쉽다. 삶의 균형을 잃지 않으려는 노력이 나를 살아있게 하듯 식물도 다르지 않으리. 해 좋은 겨울날엔 창가에 앉아 그들과 같이 해바라기하며 봄을 기다린다. 얼었던 마음도 녹는 시간이다. 지금은 잎보다 꽃이 더 풍성한 제이드 플랜트도 봄이 오면 초록 기운을 회복하겠지. 생동하는 계절이 오면 나의 글도 일상도 새로운 활기를 띠리라 기대한다. 겨울은 고요하지만, 그 속에 빛이 있는 계절이다.

등이 기억하는 온기로

무심코 펼쳐본 사진 뭉치 중에 유독 눈길을 끄는 사진 한 장. 급하지 않은 걸음으로 뒷짐을 지고 어딘가 가고 있는 낯익은 노인의 뒷모습이다. 사진은 그 장소 그 순간으로 되돌아가게 만드는 힘이 있다는 것을 모르기야 할까. 그런데 이 사진에서는 그와는 다른 어떤 기운이 느껴진다.

왼쪽으로 기운 어깨의 주인공은 아버지다. 모자도 없이 길을 나섰다면 잠시 동네 산책 중이신가. 틀림없이 내가 찍은 사진인데 그것이 굳이 앞이 아닌 뒷모습이라면 우연히 찍힌 사진은 아닐 것이다. 어쩌면 나는 언어나 몸짓으로 드러나지 못한 것들을 뒷모습을 통해 읽고 싶었는지도 모르겠다. 오랫동안 그의 등 깊은 곳에 잠들어 있던 매운 겨울이 쏟아져나온다. 코끝이 시큰하다.

그해 겨울, 아버지의 등은 따뜻했다. 의학에서 말하는 생명의 한계를 받아들이고 체념 어린 간호를 할 때였으니 따듯해 봐야 얼마나 따듯했을까마는. 병실 침대에서 내려오려는 아버지를 부축하다가 몸이 기우뚱하면서 그의 등에 내 얼굴이 닿았고, 나는 넘어질까 봐 그를 붙잡은 팔에 힘을 준 채 그대로 멈춰있었다. 불과 몇 초에 불과했지만 내 얼굴은 아버지의 등을 온전히 느낄 수 있었고 나는 그 아득한 깊이에서 저음으로 울리는 심장 고동 소리를 들었다. 순간 내 심장이 멎는 듯했다. 이 소리를 들으며 내가 자랐겠구나. 아버지의 등을 체온과 소리로 그렇게 적나라하게 느끼기는 어릴 적 이후 처음이었다.

성큼성큼 다가오는 이별이 두려워 마음만 졸일 때였다. 얼마 남지 않은 생이라는 걸 알고 나니 더 늦기 전에 내 안의 소리를 아버지께 들려드려야 할 것 같았다. 살면서 언어로 표현하지 못했던 마음을 그렇게라도 전하고 싶었지만, 병실에서 그럴 기회는 좀처럼 없었다. 아버지는 일어나 앉아 있는 것조차 힘에 겨울 정도였는데 웬일인지 그날은 앉혀달라고 하셨다. 나는 내 등을 들이밀며 기대어 앉으시라고 했다. 의외로 전에 없이 고분고분 내 말을 따르셨다. 돌아앉은 내 눈에서는 애써 참고 있던 눈물이 주르르 흘러내렸다. 내 등에 얹힌 아버지 얼굴은 묵직했고 얼마 지나지 않아 등이 뻐근하더니 저려오기 시작했다. 감각이 없어질 때까지 꼼짝도 하지 않고 긴 침묵을 견디며, 아버지가 내 등에 기대어 무슨 생각을 하실지 헤아려 보았다. 이제 그만 됐으니 눕혀달라는 말씀은 끝내 듣지 못했지만, 나는 그때 내 등에 새겨진 무게와 온기만큼 그분의 깊은 사랑을 오래 기억할 수 있었다.

성장하는 동안 무수한 손길이 내 등을 다녀갔어도, 가장 따뜻한 온기를 준 것은 부성애라고 여기며 자랐다. 내가 기억하는 젊을 적 엄마는 너무 바빴다. 시어머니 모시고 시집살이할 때였으니까. 나는 맏이라서 동생이 태어나기 전까지는 귀염을 독차지했을 테니, 내 기억에는 없어도 어쩌면 할머니가 나를 보듬어 안고 어르고 달래며 등도 쓸어주셨을지 모른다. 연년생으로 태어난 둘째도 계집아이였는데 셋째 넷째를 내리 딸만 낳자 엄마는 할머니를 무슨 낯으로 뵈냐며 산부인과에서 눈이 퉁퉁 붓도록 울었다.

엄마는 집안일 속에 묻혀 지냈다. 손에 물 마를 날이 없었고 아이들을 하나하나 살갑게 챙길 여력도 없었다. 장손 집안이라 차례와 제사가 거의 매달 있었고, 큰 시누이와 작은 시누이가 참새 방앗간 드나들듯 하는 층층시하에서 엄마가 한갓지게 자기 아이들을 보듬어 안고 토닥거릴 여유가 있었을까. 대를 이을 아들을 낳지 못한 맏며느리로서 시어머니 눈치도 보였으리라. 그때만 해도 요즘처럼 제 자식을 대놓고 귀여워하는 일은 사회적 문화나 정서가 허락하지 않았을 터였다.

다 지나간 이야기인데도 내가 한 아이의 엄마가 되어 그 시절 나의 엄마를 생각하면 가슴이 저릿하다. 시도 때도 없이 나에게 등을 내주었다는 엄마. 나는 엄마 등에 업힌 채 부엌에서 마루로, 마당으로, 광으로, 장독대로 종종걸음치던 엄마의 동선을 빠짐없이 따라다녔다고 엄마의 기억은 말한다. 하지만 심장 박동 소리를 들으며 잠들던 그 따뜻한 엄마의 등을 안타깝게도 나는 기억하지 못한다. 내 등이 엄마 손길을 기억하는 건 중년에 이르러 이민 오고 나서부터였다. 일 년에 한 번 친정에 들를 때마다 조용히 다가와 가만가만 내 등을 쓸어주던 늙은 엄마의 손은 마치 마른 검불처럼 무게가 느껴지지 않았다. 쌓인 그리움을 토해내는 그 소리 없는 손길이 내 등을 훑고 지나가면, 나는 일 년 치 엄마 마음을 통째로 읽은 듯했다.

따듯했던 기억의 뿌리를 더듬다 보면 상상 속에 존재하는 엄마의 등을 느낄 것도 같다. 하지만 가녀린 심장 소리를 머금고 침묵하던 친정아버지 등이 먼저 다가온다. 아마 나는, 아버지 등에서 느끼던 그 뭉근한 울림과 나의 등을 내드렸을 때 전해오던 묵직한 온기가 새삼 그리운지도 모른다.

엄마의 목소리

엄마! 벚꽃이랑 자목련이 활짝 피었어요. 가로수마다 왕벚꽃이 가지가 휘게 매달렸네. 주홍색 철쭉도 폈던데, 우리 꽃 보러 나갈까? 엄마는 꽃 소식을 전할 때마다 왠지 심드렁했다.

오랜만에 찾아온 걸 환영하듯 고국은 몇 년 사이에 꽃 천국이 되어 있었다. 올해는 개나리와 벚꽃, 목련과 철쭉이 동시에 피었다고 했다. 긴 겨울옷을 벗은 꽃나무들은 화사했다. 어딜 가도 혼자 보기 아까운 풍경이 펼쳐졌고, 꽃을 볼 때마다 집안에만 계신 엄마 생각이 났다. 사진을 못 보시는 엄마, 지금 한창인 꽃 이름과 모양이라도 알려드리고 싶어 딸은 안달했다. 아파트 단지에는 겹벚꽃과 왕벚꽃이 파란 하늘을 떠받들고 있었고 바위틈마다 철쭉으로 붉었다.

고국에만 오면 가속도가 붙은 듯 시간이 휘발된다. 엄마는 날짜를 마음속으로 꼽고 계셨는지 도착한 지 보름이 지나자, 갈 날이 며칠 남았느냐고 어린아이처럼 매일 물어보셨다. 코로나 팬데믹으로 4년 만에 만난 엄마는 요양사의 도움을 받아 휠체어로 아파트 단지를 두어 바퀴 도는 게 고작일 만큼 행동반경이 좁아져 있었다. 바깥나들이는 자동차로 30분 이내에 갈 수 있는 음식점에 다녀오시는 게 전부였다.

외식하러 가는 길이었다. 눈이 시리게 만개한 벚꽃 길을 달리는 차 안에서 누구에게랄 것도 없이 묻는 엄마 목소리가 들렸다. 방금 '허옇게' 지나간 게 뭐냐고. 나는 엄마의 그 말이 가시처럼 목에 걸려서 아무 대답도 못 하고 말았다. 황반변성이 심하면 사람이나 사물을 윤곽으로만 파악하는데, 빛의 종류와 빛이 비치는 각도에 따라 볼 수 있는 정도가 달라진다고 했다. 결국 엄마는 이 곱디고운 봄꽃마저 보실 수 없게 됐구나. 어쩌면 내가 전해주던 바깥세상 꽃 이야기에 마음이 더 무거울 수도 있었겠구나. 창가에 앉은 동생이 말없이 차창을 열었다. 봄꽃 향기라도 들어오게 하려는 마음 씀씀이인지. 엄마는 안 보이는 눈으로도 연신 바깥 풍경에서 시선을 떼지 못했다. 과거 어느 봄날 풍경을 상상 속에 더듬고 계신 것이었을까.

잘 보이진 않아도 들을 수는 있어서 매일 너랑 전화라도 할 수 있으니 얼마나 디행이냐던 엄마 목소리가 바람처럼 귓전을 울리며 윙윙거렸다. 다시 창문이 닫히고 차 안에 밀도 높은 침묵이 들어설 때쯤, 운전하던 제부가 우스갯소리로 분위기를 바꿨다. 그날 우리는 모두, 웃음 끝이 아팠을 것이다.

떠나려면 닷새 남았다. 거실에 우두커니 앉아 있는데 안방에서 노랫소리가 들려왔다. 가사가 재미있어서 엄마가 즐겨 듣는다는 노래, '백 세 인생'이었다. 거실로 나오던 엄마가 선 채로 두 팔을 벌리더니 음악에 맞춰 춤을 추었다. 웃는 엄마 얼굴이 하회탈을 닮았다. 식사할 때만 틀니를 끼는 엄마가 틀니를 빼고 웃으니 영락없는 하회탈이었다. 덩실덩실 팔을 흔들다가 손목을 앞뒤로 꺾을 때는 제대로 배운 춤꾼 같았다. 넘어지실까 봐 불안하면서도 나도 일어나서 같이 흔들었다. 어깨에 흥이 실리자, 어설프지만 팔, 다리가 저절로 움직였다. 처음으로 춰 본 엄마와의 춤. 이별을 앞둔 모녀의 춤이었다. 엄마 자궁에 있을 때 양수에서 흐느적거리던 몸짓이 이랬을까. 2분 남짓한 노래가 끝나자, 96세 등 굽은 노인의 춤도 멈췄다. 더운 피가 돌기 시작한 것처럼 얼굴이 발그레해진 엄마는, 가쁜 숨을 몰아쉬며 소파에 몸을 던지듯 주저앉았다. "내 나이는, 저승사자가 데리러 오면 군소리 말고 따라가라는 나이인가 보다." 노래 가사를 잘 기억하지 못하는 하회탈이 내 품에 안겨 소리 내어 웃었다. 웃음소리가 알알이 부서져 내 가슴에 날아와 박혔다.

떠나는 날이 기어이 오고야 말았다. 울컥거리는 감정을 애써 다잡고, 엄마와 나는 오전 시간을 용케 버텼다. 가는 뒷모습이라도 보려고 현관문을 붙들고 서 계신 엄마를 의식했는지 오늘따라 엘리베이

터는 쉬지 않고 16층까지 단숨에 올라왔고, 타자마자 어느새 1층이었다. 차에 짐을 다 싣고 혹시나 하여 올려다본 하늘. 베란다 창문 밖으로 고개를 내밀고 양팔을 휘젓고 있는 노인이 보였다. 엄마~~! 나는 남편과 함께 고개를 한껏 젖혀 올려다보며, 까마득한 곳에 있는 엄마를 향해 두 팔로 커다랗게 원을 그리며 힘껏 흔들었다. 그때였다. 깊은 창자 끝에서부터 쥐어 짜내어 끌어올린 듯한 격앙된 목소리가 허공에 울려 퍼졌다.

"잘 가게 임서바앙~~~! 잘 가라 영수야아~~~!"

가냘프던 목소리가 어쩌면 그렇게 카랑카랑한 소리가 되어 16층 아래까지 내려올 수 있는지. 눈으로는 볼 수 없는 사위와 딸을, 이름이라도 한 번 더 불러보고 싶으셨을까. 이별이 서러운 노모의 목소리를 불가사의하게 증폭시킨 것이 강렬하고도 처절한 모성애의 발현이 아니라면 무엇이었을까. 목련꽃 지듯이 후드득 떨어지던 목소리는 나의 눈물보를 기어이 터뜨리고 말았다. 다행히 엄마는 딸의 눈물을 볼 수 없는 높이에 여전히 한 조각 구름처럼 떠 있었다.

14시간 비행 후, 집에 돌아와 전화기부터 집어 들었다. 긴 비행시간에 피곤하면서도, 나 살던 익숙한 곳에 돌아왔다는 편안함 때문인지 심짓 씩씩해진 내 목소리에 비해, 엄마 목소리에는 기운이 없었다. "그래 잘들 갔구나!"라는 말이 "이제는 정말로 갔구나!" 하는 한숨처럼 들렸다. 나는 잘못을 저지른 아이처럼 주눅이 들어 소리 죽여 가만가만 전화기를 내려놓았다. 어디선가 이명처럼 울리는 목소리가 밤공기를 가르며 들려왔다.

"잘 가게 임서바앙~~~! 잘 가라 영수야아~~~!"

오랜 세월 다하도록 나에게 달려왔을, 그리고 여전히 다가오고 있을, 엄마. 나의 어머니!

chapter—5

오후 4시 30분

샹들리에, 그 휘황한

문을 여니 갇혀 있던 열기가 달려 나왔다. 발그레 상기한 얼굴들이 주춤주춤 일어나며 내 쪽을 향했다. 한 친구가 일어서더니 바깥 바람이 묻어 있는 나를 끌어안고 오랜만이라며 반겼다. 품 안이 따듯했다. 친구 어깨 너머로 보이는 거실 천장에 매달린 샹들리에 불빛에 눈이 부셨다.

소박한 집안 분위기에 어울리지 않는 불빛이었다. 그 빛은 평범한 김치찌개를 장미꽃으로 피어나게 했고 하얀 밥알은 진주알로 환생시켰다. 친구들 얼굴은 밝았고 목소리도 열정 넘쳤지만, 언뜻언뜻 스치는 불안한 감정은 지우지 못한 듯했다. 자정이 지나면 마법이 풀려 공주 옷을 벗게 되는 동화 속 주인공처럼, 서른 중반을 넘기면서 부쩍 초조해진 눈빛들이었다. 샹들리에는 빛의 세계에 공존하는 아름다움과 냉혹함과 공허함을 모두 지니고 있는 것 같았다. 정교하게 커팅 된 크리스털은 환상적인 불빛을 현란하게 반사하며, 마법을 깨우는 종소리는 아직 울리지 않았다고 속삭거렸다.

우리는 마치 그날이 젊음의 마지막 날인 것처럼 가슴 속 모든 것을 쏟아냈다. 거실은 열기로 후끈 달아오르다가도 냉소적인 웃음으로 얼어붙곤 했다. 도취하지 않으면 오래 계속할 수 없는 직업이 교사라며 자조 어린 농담을 하던 우리는, 남의 아이들 가르치느라고 자기 아이와 충분한 시간을 보내지 못하는 안타까움이 죄의식처럼 쌓인 엄마들이었다. 학교라는 독특한 환경에서 학생들과 함께하고 싶은 욕망과, 엄마의 사랑을 갈구하는 제 아이 사이에서 갈등하는 주부들이기도 했다. 그런 감정들이 발산한 빛은 샹들리에 불빛처럼 강렬했고, 마법이 풀리는 자정의 종소리처럼 허망했다. 우리가 돌아간 뒤에 남는 것은, 다 식은 커피와 허공을 떠돌던 웃음소리와 끊어진 언어 부스러기들일 터였다.

온통 어설픈 시작뿐인 20대 인생길의 어수선함을 넘어 이제 겨우 중간쯤 왔다고 생각했는데, 어느 것 하나 제대로 매듭지어질 기미는 보이지 않았다. 샹들리에 빛처럼 찬연히 타오르던 서른의 숲에 허무의 재만 남았으면 어쩌나, 물음표 가득한 안개 속에서 길을 잃으면 어쩌나 싶었다. 마흔 이후는 상상도 할 수 없었다. 지금은 마흔이라는 나이도 청춘이라 느끼지만, 그 당시 마흔 살은 다 산 나이라고 여겼다. 미혹을 벗어나지 못한 채 불혹의 나이에 이르는 게 불안했는지. 다 지나간 다음에야 알게 되는 삶의 진실도 두려웠다. 영원히 질문일 수밖에 없는 것들에 대한 답을 찾으려 방황하던 시간들이 발밑에서 흩어지는 소리가 들리는 듯했다. 우리는 그렇게 일상 속에 모순이 혼재된 젊음을 지나고 있었다.

샹들리에 불빛이 물리적으로 내 삶을 비집고 들어온 것은 그보다 훨씬 전, 스물 초반 무렵이었다. 친하게 지내던 동창 중에 제일 먼저 결혼한 친구의 남편이 다른 친구들에게 한턱내는 날이었다. 커다란 통유리로 한강이 내려다보이는, 전망 좋고 고급스러운 양식당. 우리는 높은 천장에 매달린 거대한 샹들리에 조명에 입구에서부터 주눅이 들었고, 지나치게 아름다운 것이 어떻게 위태로울 수 있는지 어렴풋이 감지했다. 여러 개의 나이프와 포크 중 어떤 것을 먼저 사용하는지 생각하느라, 애피타이저로 나온 수프가 무슨 맛이었는지 기억도 나지 않았다. 샹들리에 불빛을 받아 연분홍으로 빛나는 안심 스테이크는 서러우리만치 부드럽고 담백했다. 돌연히 귀족으로 신분 상승한 듯한 친구의 우아한 표정은 그날부터 우리가 도달해야 할 새로운 목표가 되었다. 당시 나는 시골 중학교 선생으로 근무하며 조촐한 행복감에 취해 있을 때였는데, 화려한 일탈에 한번 발을 들여놓자, 촌스러운 우물을 벗어나고픈 개구리가 되어 며칠을 앓았다.

세월은 거침없이 흘렀고, 보이지 않는 손길이 우리 가족을 캐나다로 옮겨놓았다. 호화로운 것을 좋아하는 성격도 아니면서, 나는 처음 장만한 집에 샹들리에를 달았다. 어쩌면 샹들리에는 아주 오래전부터 나의 의식 깊숙한 곳에 똬리를 틀고 있었는지도 모르겠다. 그 불빛 아래서 수없이 밥을 먹었으련만, 늙어가는 우리 부부 모습처럼 노쇠해진 빛이 오늘따라 마음을 건드렸다.

시간의 때가 묻은 샹들리에는 섬세한 손길로 한 알 한 알 문질러 닦아도 애초의 영롱한 빛을 되찾지 못했다. 하지만 적당히 때 타고 적당히 허름해진 것도 더는 불편하지 않다. 마음이 헛헛할 때 촉촉한 위안을 주며 오래도록 동행한 샹들리에. 내 인생의 여정에 들어와 한때 헛된 꿈을 꾸게 만든 환상이기는 했어도, 그 작은 환상마저 없었다면 삶이 삭막했을지 모른다. 샹들리에가 내놓는 빛에서 오래된 시간의 냄새를 맡는다.

노련한 사냥꾼

그는 오늘만 해도 벌써 몇 번이나 먹이 사냥에 실패했는지 모른다. 그의 이름은 재규어. 몸의 얼룩무늬만 조금 다를 뿐 표범과 비슷해 보이는 동물이다. 그가 지금 얕은 강물 위 굵은 나뭇가지에 몸을 밀착시키고 공격할 때를 숨죽여 기다리고 있다. 사정거리 안에 들어온 악어가 이번 사냥 목표다. 힘에 겨운 상대이지만 잘만 하면 며칠을 포식할 수 있는 거물을 낚는 셈이다. 초집중 상태가 십 분, 이십 분 지나면서 억겁 같은 시간이 발밑에 고인다. 악어의 작은 몸짓 하나에도 긴장감이 고조되며 눈빛이 매섭게 번득인다. 영락없는 노회한 사냥꾼 눈빛이다. 상대방의 모든 것에 귀 기울이고 주의 깊게 관찰하는 것이 사냥에 유리하다는 걸 알고 있으리라.

마침내 강가에 있던 악어가 수면 위로 고개를 내밀더니 여유만만하게 주위를 둘러본다. 악어는 철갑처럼 두꺼운 가죽으로 무장했지만, 고개 들었을 때 악어의 아킬레스건인 목의 앞부분을 단숨에 공격하면 승산은 재규어에게 돌아간다. 준비된 그가 뛰어내리는 동시에 정확하게 그곳을 물었다. 이제 죽을힘을 다해 물고 늘어지는 길만 남았다. 악어도 보통내기는 아니다. 독하게 덤벼든 적을 떨쳐내려고 통나무 같은 몸통을 360도 회전하며 안간힘을 쓰더니, 사정없이 몸을 굴려 어떻게든 불리한 상황을 벗어나려 한다. 재규어는 재규어대로 악어는 악어대로, 살아야겠다는 몸부림이 처절하다.

생존이 걸린 먹잇감 앞에 무승부란 없다. 삶과 죽음의 경계에서 피를 부르는 싸움이다. 승부를 예측하기도 어렵고 성급하게 예단해서도 안 된다. 그때, 세상이 일시 정지된 듯한 고요가 감돌고, 비로소 나는 재규어가 승리했음을 눈치챈다. 악어 숨이 끊긴 것을 확인한 그가 안도하는 표정을 보여주는 것으로, 다큐멘터리 엔딩 자막이 올라간다. 야생의 동물 생태를 다룬 이번 프로그램을 시청하면서 간간이 메모하던 나도, 쓰던 문장에 마침표를 찍는다. 손에 땀을 쥐던 시간이 끝난 것이다.

처음에는 재규어가 강물 위에 드리운 나뭇가지에 몸을 길게 걸치고 누워 있기에 휴식하는 줄 알았다. 설마 그가 노리는 먹잇감이 물속에 있으리라고는 상상도 못 했다. 그는 노루 사냥에 실패하고 지쳐갈 때쯤, 강가에서 한가롭게 노니는 악어를 발견했다. 나무에 올라가 기다리다가 때가 오자 뛰어내려 난투극을 벌인 거였다. 그들은 죽음의 현장에서 삶의 의지를 불태우는 동시에 삶 속에서 죽어가고 있었다. 삶과 죽음은 재규어의 몸에서 악어의 몸으로, 악어의 몸에서 재규어의 몸으로 순간순간 옮겨 다닐 만큼 절박했다. 주변은 침묵했고, 시간은 냉정하게 흘렀다.

동물은 배가 고플 때만 사냥한다. 배가 고프지 않은데 먹이를 비축하려고 싸움터에 나서지는 않는다. 열 번 중 잘해야 두어 번 성공한다는 먹이 사냥을 위해, 근육을 이완하고 신경을 안정시켜 집중력을 키우며 준비하는 지혜가 필요하다. 아무리 용맹한 동물이라 해도 숱한 시행착오를 겪는다. 어쩌면 체력을 함부로 소모하면 진정 원하는 먹잇감이 나타났을 때 온 힘을 기울일 수 없기 때문일 수도 있다.

제 몸집보다 큰 악어를 제압하여 손에 넣는 일은 아무리 용감해도 혼자 감당하기에는 버거웠을 터. 어찌 갈등하는 순간이 없었을까. 인간은 이것저것 재고 따져도 동물은 그러지 않는다. 민첩하게 행동에 옮긴다. 그 일이 그럴 만한 가치가 있는지 없는지는 본능에 의한다. 생존과 직결되는 배고픔이 본능을 자극했고 그 본능이 기적을 이루었을지 모른다. 때로는 동물적 본능이 기적을 일으키기도 한다. 살아야 한다는 절박감과 어미를 기다리고 있을 새끼들을 향한 모성애, 오늘의 성공은 그 간절함과 절실함이 이루어 낸 작은 기적이 아니었는지.

늦은 밤, 재규어는 내 방을 찾아왔다. 내가 다큐멘터리 본 기억을 떠올리며, '노련한 사냥꾼'이라는 제목으로 글을 쓰고 있을 때였다. 그가 보여준 사냥법은 내가 글 사냥 할 때 겪는 과정과 비슷하여 공감하는 바가 많았다. 사납고 용맹한 재규어는 싸우기만 하면 이기는 줄 알았는데 성공률이 낮아서 놀랐고, 사냥을 통해 위로받고 치유되는 그를 보며 일종의 동지애마저 느꼈다. 그가 제 몸집보다 한참 큰 악어의 목을 물고 늘어질 때는, 굶주린 영혼이 문학이라는 거대한 상대를 물고 매달린 모습을 상상했다. 무던한 인내심으로 견뎌내는 그를, 내심 응원했는지도 모르겠다. 한번 잡은 글감을 놓치지 않으려고 혼신의 힘을 다하는 투지는 문학에서도 낯설지 않은 일이다. 감각과 체력을 단련해야 노련한 사냥꾼이 될 수 있는 동물 세계와 지적 훈련을 게을리하면 좋은 글을 쓸 수 없는 작가 세계가 다른 듯 닮았다. 어렵사리 먹잇감을 얻어 성취감을 맛볼 때의 만족과 희열, 실패했을 때 느끼는 좌절과 고통도 내가 겪는 글쓰기 경험과 크게 다르지 않았다.

그는 야생에서 나는 내 방에서 최선을 다한 하루가 조용히 저문다. 이제 각자 일상으로 돌아가 휴식할 시간이다. 열정적인 하루를 보낸 뒤, 다음 사냥을 위해 휴식하는 동물은 느긋하고 멋져 보인다. 영상을 통해 서로 교감하고 공감하던 그와 나는, 앞으로도 각기 다른 먹잇감과 글감을 찾으면서, 혹은 서로 다른 방식으로 휴식하면서 어쩌면 서로를 그리워할지 모른다.

딱따구리의 선택

초가을 숲이 적요하다. 초록이 물러가기 전, 나무들은 아직 시들지 않은 싱그러움을 물고 햇살에 얼굴을 비비며 여름과의 작별을 미루고 있다. 바닥에는 언제 떨어졌는지 누르스름한 솔잎으로 덮여 있다. 나무에 매달린 솔잎의 짙푸른 초록과 바닥에 몸을 부린 생명 잃은 누런 빛깔의 대비가 선명하다. 소리 없이 살다 간 생명의 존재감이 발바닥으로 고스란히 느껴지는 가을 오솔길이다.

초록 스펙트럼이 수십수백 가지로 펼쳐지던 숲이었다. 싱그러운 냄새가 한꺼번에 품을 파고들던 봄이 떠난 숲에 짙은 색깔의 잎들만 남았다. 숲에 자주 오면서도 이 기분 좋은 색깔과 냄새가 늘 그리웠다. 여름내 숲을 채우던 초록 기운이 계절의 경계를 넘는 이 무렵의 숲은 또 다른 신비다. 깊은숨을 들이쉬고 내쉬며 신령스러운 기운을 폐부 가득 채워본다. 높지 않은 곳 초록 사이에 붉게 물든 이파리 몇 개가 눈에 띈다. 성급하기는.

딱딱딱딱 따다닥, 고요를 가르며 허공에서 울리는 소리에 고개 젖혀 올려다보니 2층 높이쯤 되는 나무에 딱따구리 모습이 보인다. 흰색과 검은색이 섞인 자그마한 몸집에 머리에는 동전만 한 빨간 무늬가 있다. 나무 기둥에 몸을 밀착하고 쪼아대는 소리가 경쾌하다. 소리는 독특한 음색으로 숲을 울리며 경건한 메아리가 되어 흩어진다. 짝을 부르고 있거나 둥지를 만들려는 모양이다. 둥지가 절실하여 부리가 아프도록 수없이 쪼아대는 소리를 내 마음대로 경쾌하다고 표현해도 괜찮을까.

나무 쪼는 소리가 등 뒤에 잔향(殘響)을 남기며 잦아들 때쯤 강물이 모습을 드러낸다. 유리 조각을 흩뿌린 듯한 윤슬에 눈이 부시다. 윤슬은 강물과 햇빛의 조화로운 만남이 빚어낸 예술이지만, 구름과 바람이 방해하면 뜻을 이루지 못한다. 나 혼자 이루는 것 같아도 생의 모든 빛나는 순간들은 우주의 도움이 있어야 가능하다는 것을 알아가는 중이다. 그걸 알아차리면 이미 삶의 계절 중반을 넘어섰다는 의미이기도 하다. 소리 없이 흐르는 강물을 바라보는 마음이 평화롭다. 눈부심과 평화로움, 책에서 구하고자 했던 모든 것이 이곳에 있었구나.

가을이면 이미 언어들이 모천회귀 하는 강물이다. 생명을 잉태하고 산란하며 생의 문을 열고 닫는 곳, 삶과 죽음이 맞닿아 돌아가는 자연의 질서를 적나라하게 보여주는 곳이기도 하다. 멀리서 여전히 나무를 쪼고 있는 딱따구리 소리가 잔잔한 강물 소리에 섞여 든다. 몸과 마음이 이완되는지 넓적한 바위에 앉은 몸이 점점 뒤로 젖혀진다. 등이 바위에 가까워질수록 시야 가득하던 초록이 물러가고 푸른 하늘이 들어선다. 이렇게 별스럽지 않은 행위로 이따금 탁 트인 자유로움을 맛본다.

노인들 손등에 불거진 힘줄을 닮은 뿌리가 땅바닥 가득하다. 발등을 덮고 있던 흙이 쓸려 내려가는 시간을 붙박이 나무로서는 속수무책으로 그저 바라볼 수밖에 없었을 것이다. 흙 속에 있어야 할 뿌리들이 무슨 사연이 있어 제자리를 잃고 땅거죽에서 바람을 맞고 있는지 몰라도, 제 몸 건사할 흙 몇 줌을 아쉬워하며 살았을 세월이 보이는 듯하다. 수많은 발걸음에 채였을 때의 물리적인 아픔과 자기 뿌리가 밟힌다는 정신적인 아픔을 용케도 견뎠구나. 이 순간 나를 흔드는 감정과 생각을 기록해 두고 싶다. 순간은 영원에서 잘라낸 조각이다. 영원을 이루는 매 순간이 가치를 지닌다는 생각하며 찍은 사진 속 뿌리를 본다. 오늘 숲에 머무는 시간도 여러 컷의 순간으로 기억되리라.

어떤 순간을 마음에 오래 간직하고 싶을 때 나는 그것을 글로 남기기도 한다. 기록함으로써 기억하려는 것이다. 순간은 누군가가 기억하지 않으면 흔적 없이 사라진다. 그 시간과 공간이 존재했다는 사실조차 망각 속에 묻혀버리고 만다. 기쁘고 설레던 것이었든 슬프고 아픈 것이었든 내가 기억하는 과거의 순간들은 오롯이 내 것이기에 소중하고 그 나름의 의미를 지닌다.

강가를 돌아 숲을 나가는 길목에서 혹시나 하고 올려다보았는데 아까 보았던 딱따구리를 다시 만났다. 분명한 소리로 존재감을 나타내는 작은 새였다. 같은 나무, 같은 높이의 반대편으로 옮겨 가서 나무를 쪼고 있어 소리만으로는 얼른 찾기가 어려웠다. 자리를 왜 옮겼을까. 둥지를 만들기에는 마땅치 않은 장소라는 판단을 뒤늦게 한 것일까. 구멍을 파기가 힘들어 좀 더 쉬운 곳을 찾으려 했을까. 아니다 싶을 때 방향을 돌리는 것도 지혜고, 그래도 한 번 더 시도해 보는 것도 지혜다. 다만 언제 돌아서야 할지, 언제 밀고 나가야 할지 판단하는 게 어려운 건 숲이나 숲 바깥세상이나 마찬가지다.

내 삶의 여정에서도, 이 길은 아니라며 돌아섰을 때 어쩌면 찾던 것이 바로 한 발짝 앞에 있었을지도 모른다. 내가 옳다는 신념에 갇혀, 잘못된 길인 줄 모르고 똑같은 길을 고집스럽게 걸었을 수도 있다. 딱따구리의 선택이 궁금했던 건 지나간 내 삶을 돌아보고 있어서였으리라. 여전히 딱따구리는 그곳에 있고 나무 쪼아대는 소리가 아직도 숲을 흔든다. 소리를 실은 바람만이 별일 아니라는 듯 숲을 휘돌아 나간다.

떨켜라는 이름으로

가을이 떠날 준비를 한다. 살다 보면 한 번쯤은 고단한 날개 접고 숨을 고르고 싶을 때가 있다. 가을이 그런 계절이다. 색색으로 물드는 단풍이 아름답기는 해도, 머지않아 나무에서 떨어지리라는 것을 예고하는 신호다. 가을은 결실의 계절인 반면, 봄 여름 동안 애지중지 키우던 잎을 떨어뜨리는 쓸쓸한 계절이기도 하다.

가을 나무는 나뭇가지와 잎이 붙어있는 경계면에 떨켜라는 세포층을 만든다. 떨켜 층은 수분과 양분이 이파리에 공급되지 못하도록 차단하는 역할을 맡는다. 잎을 버려 나무가 안전하게 겨울을 날 수 있게 준비하는 것이다. 그렇게 생명줄이 막혀서 떨어진 잎이 낙엽이다. 사람은 한 생명을 살리기 위해 병든 몸의 일부를 고쳐 쓰지만, 나무는 자기 몸의 일부를 끊어버리는 방법을 택한다. 잔인해 보이는지 몰라도 나무로서는 그것이 겨울에 얼어 죽지 않고 살아남을 수 있는 전략이고 지혜인 셈이다.

직장의 부서장을 맡고 있던 K는 나무의 지략을 닮고 싶었다고 했다. 숱한 번민 끝에, 오래 몸담고 있던 부서 전체를 살리기 위해 과감히 떨켜를 만드는 결단을 내렸다. 그는 나뭇가지처럼 떨켜를 만들어 부정적인 기운이 나무 전체에 퍼지지 않게 하려 애썼고, 검은 이파리들이 마침내 낙엽 되어 떨어졌다. 곁에서 우왕좌왕하던 이파리들도 떨켜라는 이름 아래 조용히 모습을 감췄다. 자신의 판단에 안도하는 그를 응원하면서도, 많은 세상일이 그렇듯 어제 내린 판단이 내일도 최선일지는 아무도 모른다는 사실을 나는 마음에 접어두어야 했다.

어떤 생명도 자신이 머물던 자리에서 언젠가는 어떤 방식으로든 떠난다. 자발적으로 떠나느냐, 타의에 의해 밀려나느냐의 차이가 있을 뿐. 살기 위해서라고 하지만 모든 나무가 다 떨켜라는 카드를 사용하지는 않는다. 활엽수는 잎을 버리기 위해 어쩔 수 없이 떨켜를 만드는데 참나무 종류는 그렇지 않다고 한다. 떨켜가 없으므로 묵은 잎들이 봄까지 매달려 있다가 새로 나오는 잎에 밀려 자연스럽게 떨어진다. 다른 나무들과 달리 참나무 잎들이 욕심과 집착 때문에 새싹이 나올 때까지 나무에 그악스럽게 붙어있다고 생각한 건, 순전히 나의 무지였고 편견이었다.

나무는 태어난 자리에 붙박여 살아야 하지만 사람에게는 선택의 문이 열려 있다. 떨켜에 밀려나기 전에 스스로 내려오거나, 서서히 올라오는 새잎에 자리를 물려주거나, 떠나는 시기와 방법을 고를 수 있다는 얘기다. 부모 자식 사이는 참나무 같아서, 두 관계를 억지로 끊어버리는 떨켜 층이 없다. 부모가 생의 가장자리로 밀려나기 전까지 충분히 교감하고 교류하며 살라는 자연의 섭리라고 이해해도 좋을지 모르겠다.

가까이 지내던 후배 교사가 엊그제 퇴임했다고 소식을 전해왔다. 젊은 세대에 자리를 내주어야 할 때가 온 것이다. 코로나 펜데믹 영향으로 퇴임식을 간략하게 마쳤다고 했다. 40여 년 삶의 터전이던 교직을 물러나는 허전함을 이해하면서도 아름다운 마무리를 하고 떠나는 그녀에게 다들 따뜻한 마음으로 축하했다. 그녀의 퇴직을 끝으로, 같이 근무하던 가까운 동료가 모두 은퇴했다. 나는 교직 생활하던 중 이민이라는 떨켜를 스스로 만들어 도중에 퇴직했기에 떨켜의 의미와 그로 인한 아픔을 어렴풋이 이해한다. 그 무렵을 돌아보며 회상에 잠겨 하루를 보낸다. 한 세대 한 세대가 이렇게 순환하는구나. 봄이 오면 그가 떠난 자리에 무슨 일이 있었냐는 듯 파릇한 새순이 돋겠지. 여름에는 물오른 이파리가 태연스레 사방에 짙은 기운을 내뿜을 것이다. 가을이 오면 무심하게 또 한 차례 잎을 버리는 것으로 떨어진 낙엽의 존재는 잊히리라. 그것이 새 생명에 자리를 물려주는 숲의 질서다.

자연의 질서는 때로 불공평하고 너그럽지도 않다. 원하는 일이든 원치 않는 일이든, 이미 일어난 일을 기꺼운 마음으로 인정하고 받아들일 줄 알면 겨울이 덜 맵다. 가을이 가기 전에 나도 나무처럼 내 몸에 떨켜 몇 개 만들어야겠다. 글 쓰는 일로 채워질 나의 겨울, 살아 있는 글을 쓰려면 이미 형성된 습관을 벗어나 낯섦과 변화에 의연할 수 있어야 한다. 몸이 원하는 익숙함과 편안함을 멀리할 떨켜라는 장치가 앞으로 더 필요할지도 모른다.

생의 계절은 눈 깜짝할 동안에 가을 깊숙이 들어와 있다. 나무들은 겨울을 날 준비를 마친 모양이다. 헐렁해진 품을 가을바람이 파고든다. 나무는 어떻게 그 많던 잎들을 모두 버렸을까.

민이의 어린 새

새벽부터 비가 내린다. 이슬비다. 빗소리에 마음이 젖는 오늘 같은 날에는 달보드레한 핫 초콜릿 한 잔 들고 호숫가에 간다. 바다 같은 호수를 바라보며 앉아 있다. 미세한 안개 입자가 볼에 와닿는 느낌이 촉촉하다. 컵에서 전해오는 온기가 손끝을 거쳐 온몸에 스며온다. 말없이 다가와 정스럽게 잡아주는 누군가의 손길 같다.

아스라이 먼 곳을 바라보니, 마치 영화에서처럼 풍경은 그 자리에 가만있고 나만 차츰 멀어지며 작아지는 듯한 착각이 인다. 그 작은 것을 향해 호수 가장자리로 밀려오는 파도가 제법 거칠다. 인생이라는 긴 여정에서 크고 작은 파도를 경험하지 않은 사람이 몇이나 될까. 그럴 때 그들은 무슨 힘에 기대어 다시 일어서는지. 서툴게 걸음마 하는 아이처럼 넘어지기를 거듭하는 삶이기에 사람은 위로의 시간을 딛고 생을 건너는가 보다.

민이가 울고 있었다. 민이는 내 친구였다. 교실 바닥에 눕다시피

한 그녀 앞에 거대한 산처럼 버티고 선 그는 담임 선생이었다. 옛 시절이니 가능한 일이었겠지만 모진 매를 휘두르기로 이름난 그는 그날도 종례 시간에 체벌을 가하고 있었다. 몇몇 학생의 등을 후려치는 낭창거리는 매에서 휘파람 소리가 났다. 누구에게도 변명할 기회를 주지 않는다는 걸 알면서도 나는 억울하게 맞은 친구를 위해 무슨 말인가 해야 할 것 같아 마음 졸이며 겁에 질려 떨었다. 아픔보다 억울함이 컸고 다친 자존감은 열두 살 소녀에게 감당할 수 없는 상처가 되고 말았다.

그날 급식 당번은 민이였다. 그녀는 급식실에서 양철 양동이에 반쯤 담긴 옥수수빵을 받아왔고 도시락이 없는 급우들에게 하나씩 나눠주었다. 양동이가 비워지자 그녀는 자기 도시락을 먹었다. 그뿐이었다. 그런데 빵 하나가 모자랐었다는 걸 뒤늦게 안 담임이 다짜고짜 민이를 벌한 거였다. 뭘 잘못했는지도 모르고 말 한마디 못 한 채, 하필이면 노예처럼 등을 맞았다는 게 견딜 수 없다며 민이는 흐느꼈다.

그날의 기억은 흑백이었다. 어느 장면에도 소리나 색깔은 없었다. 공포와 억울함이 인장처럼 새겨진 그 사건은 그녀의, 우리의, 어린 시절을 지배하는 김징의 돌덩이가 되었다. 혹처럼 생긴 돌멩이였다. 우리는 그 일을 잊어버린 척했고 그럴 때마다 시커먼 돌멩이는 한 뼘씩 커졌다. 시커멓게 자란 돌덩이를 깨뜨리겠다며 여린 부리로 쪼아 보았지만 어린 새들의 몸짓은 음 소거된 장면으로 꿈속에서처럼 출렁거릴 따름이었다.

그날 이후 민이 얼굴에서 웃음기가 사라졌다. 그녀는 내면의 어둠 속에 웅크려 앉은 새가 되었고 침묵하는 아픔은 어둠을 먹고 자랐다. 나는 눈물조차 떨구지 못하는 친구의 가슴을 어떻게 달래야 하는지 몰랐고, 나한테만 열어 보인 그 아픔은 두 가슴에서 영영 지워질 수 없으리라고 어렴풋이 짐작했다. 억울했던 딸의 하루를 엄마 아빠가 아는 것조차 두렵던 민이. 선생의 광기 어린 눈빛이 친구의 꿈마다 나타났고 나는 민이의 손을 잡고 꿈 이야기를 그저 듣기만 했다. 모음이 생략된 목소리였다. 아픔을 비밀스럽게 공유하던 우리는 서로의 손을 잡는 것으로 체온을 나누며 위로하는 방법밖에 알지 못했다.

문득 삶의 어느 시점으로 돌아가고 싶을 때가 있다. 그때는 못 했던 말이나 행동을 하고 싶을 때 그렇다. 나는 그때로 돌아가, 당신이 휘두른 매에 얼마나 많은 어린 가슴이 상처받았는지 아느냐고 묻는 상상을 했다. 사랑이었다고 합리화하려나. 아니야. 혹시 긴 세월 동안 남모르게 가슴 치며 후회한 건 아닐까. 아니, 자신이 그랬다는 걸 기억이나 할까. 어쩌면 그 누구도 기억 못 하는 일을 나 혼자 부둥켜안고 놓지 못하는지도 모른다. 한 발짝만 학생들 입장에서 생각해 보았더라면 하는 아쉬움은 원망으로 바뀌었고 교사가 꿈이던 나는 그를 용서하지 못할 것 같았다.

어린 새는 가쁜 숨을 할딱거렸다. 두려움을 떨쳐버리고 안온한 제 일상으로 돌아가기를 바라던 새였다. 그 곁을 서성이며 함께 오들거리고 떨기만 하던 또 한 마리의 어린 새. 힘은 없고 겁만 많던 우정이었다. 졸업 후 우리는 헤어졌고 각자 주어진 길을 걸었다. 나는 선생이 되었다. 교실과 교무실을 오가며 그날의 민이가 떠오를 때면 아이들 가슴을 이해하는 교사가 되리라 다짐했다. 세월이 흐르고 나서야 나는 그 다짐을 지키기가 얼마나 어려운지 이해했다. 지금은 체벌이라는 단어조차 죽은 언어가 되었다지만, 그 당시에도 '사랑의 매'라는 말은 학생 입장에서는 허용할 수 없는 어른들만의 일방적인 표현이었다.

'내가 만일 애타는 한 가슴 달랠 수 있다면/… 내가 만일 한 생명의 아픔 덜어주거나,/ 괴로움 하나 달래줄 수 있다면,'으로 이어지는 에밀리 디킨슨의 시. 아픈 마음자리 그 경계를 드나들며 한숨의 깊이를 헤아릴 수 있는지는 몰라도 눈물 흘리는 심장에까지 들어갈 수 있는 이가 있을까. 어떻게 달래주어야 진정한 위로일까. 공허한 시어들이 갈 곳을 못 찾아 바람에 날아다닌다.

지나간 시간은 저마다 흔적을 남기고 달아난다. 좋은 기억도 나쁜 기억도 바람 불 때마다 조금씩 마모되고 지워진다. 호숫가에 앉아 바람이 만든 물이랑을 우두커니 바라본다. 미세한 물 입자 사이로 날아가는 물새 한 마리가 하얀 종이처럼 펄럭인다. 이제는 흐릿해진 기억을 놓고 가만히 일어선다. 안개는 여전한데 호흡이 고르고 깊어진다.

오후 4시 30분

현관문을 열고 두어 계단 내려서는데 "HI, what a perfect weather~!" 하는 청량한 소리가 날아 온다. 옆집 사는 젊은 부부가 외출하려나 보다. 그제야 나는 하늘을 보며 그들을 향해 가볍게 응대한다. 그들 표현만큼이나 '완벽하게' 화창한 오후다. 나는 인생의 계절을 차례로 거치면서 비 오는 날도 바람 부는 날도, 해 뜰 때나 저물 무렵도 그 나름으로 'perfect' 하다는 걸 알아가는 중이다.

느지막이 산책하러 나선 길, 작은 강물과 숲이 있는 산책로로 들어선다. 매일 똑같은 길을 걸어도 마음은 늘 미답의 길 위에 있다. 눈에 띄는 변화에서 신선함을 맛본다면, 보이지 않게 서서히 변하는 것에서는 친숙함을 느낀다. 급할 게 없고 마음자리가 넉넉하니 온갖 것이 눈에 들어오고, 마주치는 것마다 반갑다. 길섶의 키 작은 들꽃 옆에 앉아 한동안 들여다보다가 하나 따서 책갈피에 끼워 넣기도 한다. 꽃송이에 묻어 들어온 시간은 그렇게 갈무리된다. 나는 걷다가 잠시 앉아 있는 걸 좋아한다. 서서는 느끼지 못하는 고요함을, 앉았을 때 느낄 수 있다. 고요하면 맑아진다. 강물도 마음도.

주택가 쪽으로 접어들다가, 조붓한 음식점 앞에 이르렀다. 가끔 국수를 먹으러 오는 식당이다. 벤치에 앉은 나의 눈이 식당 빈 테이블 의자에 앉아 혼자 차를 마시는 늙수그레한 주인과 마주친다. 손님이 없을 시간이구나. 나의 멋쩍은 웃음과 그의 쓸쓸한 미소가 유리창을 사이에 두고 잠시 허공에서 부딪혔는데 둘 다 무심하다. 벌써 저녁 손님 맞을 준비를 하려는지 그는 찻잔을 들고 일어나 주방 쪽으로 돌아선다. 벽에 걸린 시계는 오후 4시 30분. 점심과 저녁 사이의 한 시간 남짓한 휴식 시간이 지났나 보다. 식당 안쪽까지 깊숙이 들어간 오후 햇살이 그가 신은 낡은 신발의 얇아진 뒤꿈치에 가 닿는다.

발치까지 내려온 햇살은 한때 젊음의 절정을 비추던 빛의 잔영이리라. 묵묵히 일하다가 인생에서 한숨 돌리는 시간도 이맘때쯤 아닐까. 눈길은 창밖을 향한 채 닦을 것도 없는 빈 테이블을 문지르는 그의 손길이 허허롭다. 같은 동양사람이라 그런지, 아니면 오후 4시 30분이라는, 그와 내가 이르러 있는 생의 시간대가 비슷해 보여서 그런지 괜한 유대감을 느낀다. 문득 내려다본 내 운동화 역시 그의 신발처럼 헐렁하게 닳아 있다. 나의 태양도 이제 열기가 누그러져 발끝에 닿을 만큼 기울었으리라.

인생에서 오후 4시 무렵은 어떤 의미인지 몰라도 어쩌면 나는 내 생의 오후 그 시간을 기다렸는지도 모르겠다. 바쁜 일과를 마치고 집으로 돌아가 가족과 함께하는 시간. 차 한 잔 앞에 놓고 담소하는 티타임도 이즈음이다. 꽃잎을 활짝 열어 벌과 나비를 유혹하던 꽃들도 하루를 닫고 저마다의 조용한 시간을 앞두고 있을 것이다. 이 무렵이 지나면 오늘 남아 있는 시간을 어떻게 보낼지 생각하며 오롯이 자기 자신으로 돌아가는 또 다른 색깔의 시간이 기다린다. 저물녘의 금빛은 넉넉하면서도 아쉽다. 이마저 스러지면 머지않아 밤이 오리라는 생각에 조금은 초조할 수도 있는 시간이라서 그럴까.

식당에 저녁 첫 손님이 들어가고 노부부가 그 뒤를 잇는다. 늦은 오후 햇볕이, 잠시 머무는 손님을 위한 공간을 홍차 빛깔처럼 따스하게 물들인다. 손님을 챙기는 주인아저씨의 손놀림이 가볍다. 혼자 밥 먹는 게 흔한 세상인데도 구석 자리에 혼자 앉은 젊은이의 등은 왠지 쓸쓸해 보인다. 뒷자리에서는 중년의 두 남자가 무덤덤한 표정으로 말없이 메뉴를 훑어본다. 창가 쪽에 자리 잡은 늙수그레한 부부는 찻잔을 감싸 쥐고 주문한 음식을 기다리며 나른한 허기를 달래고 있다. 햇빛 받은 노부부의 주름진 얼굴이 곱다. 석양빛을 닮았는가.

세상을 호령하던 태양이 돌아갈 채비를 하면 발끝의 그림자가 길어지기 시작한다. 머지않아 어둠이 스며들고 세상의 아버지들은 고단한 밥벌이를 접고 집에 돌아가 온종일 달고 다니던 발밑의 그림자를 내려놓으리라. 의무와 임무로 치열했던 하루를 달래며 쉴 수 있는 자신만의 공간이다. 쉴 줄도 놀 줄도 모르던 삶. 젊은 시절에 하지 못했던, 진정으로 하고 싶던 일을 이제야 자유롭게 탐닉할 수 있는 시간이 황혼이라는 이름의 저물녘 그 쉼 속에 들어 있다.

고즈넉한 오후가 부드럽다. 머리 위에서 이글거리며 한때 세상을 태울 듯 혀를 날름거리던 온갖 욕망의 화염이 아무려면 제풀에 저리 누그러졌을까. 오는 줄도 가는 줄도 모르던 바람결에 그리되었으리라. 기우는 것도, 이우는 것도, 시들어 누운 것마저도 빛나는 늦은 오후다. 세월을 묵묵히 견뎌낸 지금, 나를 둘러싼 세상이 쓸쓸하면서도 아름답고 수수하면서도 은은한 빛을 낸다. 옆집 부부의 인사말처럼 오늘, 지금 있는 그대로 'PERFECT' 하다. 어쩌면 내 몸과 마음을 다녀가는 매일매일이 그럴지도 모른다. 지금은 오후 4시 30분.

낮달

하늘을 올려다보니 새털구름이 가득하다. 구름 너머 허공에 공중부양하듯 희미한 달이 떠 있다. 낮달은 마음을 줄 때나 보인다. 없는 듯 눈에 들어오지 않지만 멀지 않은 어딘가에 늘 머무는 오래된 지기 같은 존재다. 습관처럼 찾아낸 낮달을 만나면 더없이 반갑다.

찾으려 하지 않아도 눈에 들어오는 만만한 운동화 두어 켤레가 있다. 등산화처럼 강건하지도 않고 구두처럼 매끈하지도 않지만, 가볍고 감성적이라 손이 가고 정이 가는 신발이다. 고무 밑창을 빼면 나머지는 헝겊으로 되어 있어 신어도 무게감이 느껴지지 않고 도대체 단단한 구석이라고는 없다. 모질지도 못한 성격에 예민하고 소심해서 탄탄한 등산화 옆에 놓고 보면 애처로운 마음이 든다. 그 몸집에 무슨 힘이 있다고 '운동화'라 불리는지. 그런데도 여기저기 걷고 뛰어다니는 걸 보면 이름값 한다는 말이 맞기는 맞는가 보다.

나란히 줄지어 선 신발장 구두 중에서 옷차림에 어울리는 것을 골라 신던 시간은 젊음과 함께 완료시제가 되었다. 신지도 않으면서 차마 버리지 못하는 굽 높은 빨간 구두는 나의 빛나던 한때를 추억하며 먼지를 등에 이고 앉아 묵언수행 중이다. 혹시나, 하고 선택을 기다리는 눈치이지만 내 신발의 역사는 이제 운동화와 굽 낮은 단화 몇 켤레로 정리된다. 자연스럽다면 자연스러운 순리일 터인데 아직은 낯설고 왠지 서운하다.

한동안 등산화의 매력에 빠져 지낸 적이 있다. 모처럼 산행에 나섰을 때였다. '등산'이라는 단어에 대한 선입견 때문이었을까. 높지도 않은 곳을 오르면서 군화 같은 등산화를 신고 등산복까지 갖춰 입었다. 걸음을 옮길 때마다 발밑의 것들이 납작 엎드렸다. 자유롭게 뒹굴던 도토리와 이름 모를 콩알만 한 열매들이 두꺼운 신발 밑창에 으깨졌다. 소리로 짐작할 뿐 발바닥에 전해오는 감각은 미미했어도 묘한 쾌감이 일었다. 내 안에 단단히 박혔던 옹이가 으스러지는 것 같은 기분 좋은 착각. 겁 없이 거드름부리는 등산화 속에 웅크린 발가락들은 갑옷을 두른 듯 안온했다. 걸음을 방해하는 것들을 제거해 주는데 그깟 허세나 거드름쯤이야. 등산화의 무게가 주는 구속력에 오히려 심리적 편안함을 느끼며 편애하던 몇 달 동안, 이름뿐인 하이킹을 하면서도 운동화의 존재는 까맣게 잊고 지냈다.

그렇게 존재감이 미미하던 운동화를 신고 평소에 가지 않던 울퉁불퉁한 숲속 흙길을 오를 때였다. 느낌이 달랐다. 발바닥 감각이 열리는 것 같다고 할까. 얇은 운동화를 신으니 조그만 자극에도 압통점이 예민하게 반응했다. 하찮아 보이는 작은 돌멩이나 땅 위에 드러난 나무뿌리에 발이 살짝 부딪히기만 해도 아팠다. 운동화는 감정을 숨길 줄 모르는 성격이었다. 등산화 앞에서는 감히 고개도 못 들던 나뭇조각이나 돌멩이들이 운동화를 보자 불손함을 여지없이 드러냈다. 저돌적이고 호전적인 도발이 이어지자 발가락들이 긴장했다. 남의 약점을 알면 보호하기는커녕 얕잡아보고 덤벼드는 일그러진 인간 군상이 떠올랐고 늘 곁을 지키던 방패막이 같던 친구가 그리웠다.

쉬엄쉬엄 걸으며 여유를 가지니 밉상들과도 화해할 수 있을 정도로 너그러워졌다. 다부진 운동화 밑창을 받쳐주는 솔잎은 폭신했고 지면에 돌출된 여러 모양의 나무뿌리와 돌 틈에 숨은 이름 모를 풀들이 보이기 시작했다. 앞만 보며 걷느라고 눈길 한번 안 주고 하찮게 여기던 것들이었다. 걷는 데만 집중하여 오르는 동안 발바닥이 전하는 많은 이야기를 감각으로 들을 수 있었다. 전에 없던 그 경험은 나를 새로운 세계로 이끌었다. 두 발로 생각하고 두 발로 느끼는 행위, 이것이 내가 정의하는 걷기였다. 내가 정한 걷기의 본래 의미에 충실하며 조용하고 느릿하게 걸었다. 보폭과 완급 조절에 익숙해지자 유대감을 느꼈고 불편함 속에서 공유하게 된 느낌은 남달랐다.

운동화가 슬쩍 밟고 간 자리에서는 눌렸던 풀잎이 다시 일어섰고,

멋모르고 기어 나온 달팽이가 으스러지기 직전에 살아남기도 했다. 그건 신발의 무게나 견고함의 문제가 아니었다. 등산화가 자연에 군림하는 정복자의 신발을 닮았다면, 운동화는 자연에 귀 기울이는 농부의 신발을 닮았다고 할까. 내가 애정하는 것을 눈치챘는지 쓸모를 인정받은 운동화의 행보는 날아갈 듯했다. 인정 욕구란 얼마나 힘이 센 짐승인가.

때로 고독한 영혼으로 세상천지를 떠돌고 싶어 하는 운동화는 누구와의 동행도 어색할 수 있다. 어둠을 밝히는 노란 밤달처럼 세상에 뚜렷한 족적을 남기는 등산화가 어쩌면 부럽기도 했으리라. 하지만 제 주인의 성정을 닮았다면 낮달로 사는 것도 마다하지 않을 듯하다. 낮에 뜬 달은 흐릿해 보여도 엄연한 달이다. 낮달이 자기 존재감을 드러내겠다고 어둠과 어깨를 겯고 살 수는 없지 않은가.

새로 들여온 하늘색 운동화를 신고 집을 나선 길. 야리야리한 외양이어도 속은 야무지기를. 있는 듯 없는 듯한 희미한 낮달은 최근의 내 삶을 은유하는지도 모르겠다. 무대에서 활약하다가 더는 배역을 맡지 못해 대사 한마디 없이 지나가는 등장인물처럼 사는 것도 감사하는 요즘이다. 오늘 새 운동화를 신고 걷는다. 허리 펴고 하늘을 보니 흐릿해도 분명한 달이 구름 사이로 얼굴을 내민다. 아직은 현역인 낮달이다.

어쩔 수가 없구나

고국에 계신 엄마와 통화하고 나서 조용히 생각에 잠길 때가 있다. 오늘 엄마는, 늙은이가 된 후로는 도 닦는 심정으로 산다고 하셨다. 느닷없는 말이었다. 엄마에게 늙은이란, 아흔 넘은 이를 지칭하는 말이다. 나이 드니 산다는 게 서운하고 섭섭한 일이더라만 그래도 어쩌겠느냐고도 했다. 힘들다, 서럽다, 외롭다, 쓸쓸하다 같은 익숙한 표현 대신에 왜 섭섭하다고 했을까. 그건 기대에 어그러져 실망스럽고 불만스러울 때 쓰는 단어다. 노년에 걸었던 기대와 바람이 헛되더라는 의미였을까.

어떤 날은 물 마시러 방에서 식탁까지 가는 것도 천 리 길 같다는 엄마인데, 도우미 아주머니가 하루에 몇 시간씩 다녀가는데도 당신 빨래는 당신이 한다며 세탁기를 떠나지 못한다. 걱정하는 나에게 변명처럼 힘없이 내놓는 말에 나는 그만 할 말을 잃는다. "늙은이 냄새가 날까 봐 그래, 어느 옷엔들 그 냄새가 배지 않았겠느냐" 하는 바람에, 엄마와 눈을 마주치지 않아 다행이라 생각하며 말머리를 돌리고 만다.

얼마 전부터 집안에서도 지팡이를 짚고 다녀야 하는 엄마가 빨래 바구니 옮기는 상상을 하면 마음이 저린다. 코비드 팬데믹 전에 엄마를 만났을 때 빨래 바구니가 무겁다고 가벼운 걸로 사다 달라고 하신 적이 있다. 몇 군데 들러 찾아보아도 집에 있는 것보다 더 가벼운 건 없었다. 결국 엄마는 아흔 넘은 나이가 무슨 죄라도 되는 양, 팔에 힘 빠질 때까지 오래 산 당신 탓을 했다. 내가 집으로 돌아올 때 엄마의 냄새, 그 세월의 냄새도 엄마의 서운한 눈빛과 함께 태평양을 건너왔다.

언젠가는 엄마 어깨 통증이 심해서 병원에 갔는데, 담당 의사가 적극적으로 치료할 생각도 별로 없는 것 같더라고 하셨다. 노환이라며 항생제와 진통제만 한 보따리 처방해 주더라고. 이만큼 산 늙은 이를 고쳐서 더 살게 하면 뭘 하나 싶었던 거지, 엄마는 맥없이 웃었다. 그 웃음의 의미가 체념이었는지 초연함이었는지 몰라도 듣는 내 가슴에는 서늘한 바람이 술렁거렸다.

항생제와 진통제라도 처방해 주니 다행이라던 엄마 말에 오래전에 읽은 베르나르 베르베르의 소설이 생각났다. 인간을 '생산성' 있느냐를 기준으로 평가하는 사회에서 '쓸모'가 없어진 존재로 살아가는 노인들 이야기다. 인간 수명이 점점 길어지자 약이나 치료에 의존하는 노인 인구를 줄이기 위해 정부는 70세 이상 노인에게는 약값과 치료비 지급을 제한하는 법을 제정하여 발표한다. '생명의 한계를 존중한다'라는 명분으로 사회 조직이 강제하는 무례한 법 앞에 노인들은 무력하다.

주인공 프레드 부부는 세상 모든 자식이 다 부모를 버려도 자기 아이들만큼은 절대 그러지 않을 거라 확신하며 사는 노인들이다. 어느 날, 우연히 바깥을 내다보다가 자식이 포기한 노인을 수용소로 실어 가는 닭장차가 자기 집 앞에 멈추는 광경을 목격한다. 돌봄이 필요한 늙은 부모는 자식의 결정을 따를 뿐 선택의 여지가 없다는 우려가 현실이 되었음을 깨닫는다. 집행관들이 문을 뜯고 들어오자마자 노부부는 이 층 창문에서 뛰어내려 도망친다. 그들은 다행히 쓰레기 더미에 떨어져서 다치지 않고 닭장차로 달려가, 그 차에 실려 있던 스무남은 노인과 산속 동굴로 피신하여 생사의 운명을 함께 한다. 〈황혼의 반란〉이라는 소설 제목처럼 생의 절벽 끝에 이른 노인들의 반란이 시작된 것이다.

프레드는 다양한 직종에 종사하던 노인들이 자연에서 조화롭게 집단생활을 할 수 있도록 주도한다. 하나의 생명으로서 존재 이유를 깨우치게 하고 존엄한 사람으로 살아갈 용기를 주고 싶었을 것이다. 차츰 이 소식이 전국에 퍼졌고 수용소에서 무기력하게 죽음을 기다리던 노인들이 탈출하여 그들과 합류한다. 정부는 치명적인 독감 바이러스를 공중 살포하고 잉여 인간 취급하던 노인들에게 백신 공급을 차단하는 것으로 소설은 막을 내린다. 해피엔딩일 수 없는 결말, 달리 방법은 없는가.

"당신도 언젠가는 늙은이가 될 것이야!" 죽음의 주사를 놓으러 온 젊은 관료에게 노인이 말한 소설 속 마지막 문장이다. 그 말은 "너도 늙어 봐라!"라며, 엄마가 나에게 농담처럼 던지던 말과 닮아 있었다. 노인은 어쩌면 서운했을 것이다. 사회에, 운명에, 그리고 존엄하게 죽고 싶다는 일말의 기대와 바람마저 허망하게 흩어지는 현실에 대하여. 무엇보다도, 저항할 도리가 없이 무능해진 자기 자신에 대하여.

"늙으니까 어쩔 수가 없어…/ 늙는 게 이렇게 힘든 줄 몰랐다." 요즘 들어 엄마에게 자주 듣는 말이다. 늙어서 어쩔 수 없다는 엄마의 말은 체념의 언어이고, 뱉어 버리려 해도 찐득거리며 혀에 들러붙는 아픔이다. 나는 나이에 굴복해야 하는 엄마 삶의 무거움과 나이는 숫자에 불과하다는 유행어의 가벼움 사이에서 비애를 느낀다. 엄마의 내일은 오늘보다 더 어쩔 수 없고, 모레는 정말로 더 어쩔 수 없는 날들이 되겠지. 어쩔 도리가 없어 그저 바라볼 수밖에 없는 노년을 산다는 게 엄마는 '섭섭'했을 것이다.

c h a p t e r — 6

당신은 누구시길래

로빈네 둥지에서는

4월 중순이 지나도록 세상은 무채색이었다. 봄이라 부르기도 어색할 만큼 춥고 을씨년스러운 4월. 연신 마른풀을 물고 오는 자그마한 새 한 마리를 발견한 것은 그 무렵이었다. 뒷마당 기둥 선반에 올려놓은 작은 석고 화분에 로빈이 집을 짓기 시작한 거였다. 지푸라기를 대여섯 개씩 물어와서 부리로 쪼아 다지기를 수도 없이 반복하더니 마침내 진흙으로 테두리를 마감했다.

둥지는 5일 만에 완공되었다. 암컷이 둥지에 앉아 있는 동안 수컷은 멀찌감치서 망을 보았다. 5월이 되어도 날씨는 여전히 변덕스러워 찬 바람 몰아치며 비까지 내렸다. 둥지가 허술해 보이던데 이런 비바람을 견딜 수 있을지 걱정이었다. 생각해 보면 나의 둥지라는 것도 때로 얼마나 허술했던가. 그럼에도 세파와 비바람 속에서 햇빛 한 줌 얻으려는 치열함으로 지켜온 보금자리가 아닌가. 나는 그런 로빈과 연대감을 느꼈는지 둥지에 연신 마음이 쓰였다.

로빈이 자리를 비운 사이 이 층 창문에서 사진을 찍어 확대해 보았다. 둥지에 든 알이 보였다. 메추리알보다 조금 큰 파란색 알 두 개가 나란히 놓여 있었다. 알을 낳느라고 그렇게 바람이 불고 비가 와도 꼼짝도 하지 않고 앉아 있었구나. 새 생명을 품은 파란 알은 볼수록 경이로웠다. 며칠 후 알은 네 개로 늘었다.

나는 새에 별 관심이 없었고 새에 관해 잘 알지도 못하고 자랐다. 캐나다로 이민 와서 새소리에 잠이 깨면서부터 관심을 두기 시작했고 몇몇 새의 음색을 구별하게 되었다. 새 소리를 한마디로 표현하기란 어렵지만, 청아한 소리로 매일 뒷마당에서 지렁이를 쪼아먹고 놀다 가는 사이에 차츰 새들과 가까워졌다. 적갈색 가슴에 등이 검은 새를 로빈이라 부른다는 걸 알았다. 로빈은 사람을 두려워하지 않고 가장 친밀감 있게 다가온 새였다.

산란할 장소로 우리 집을 선택한 로빈. 뒷마당을 들락거리며 모종도 심고 텃밭 일도 해야 하는데 어미가 한창 예민한 시기여서 망설여졌다. 잔디 깎는 일도 미루었다. 밤에는 집안 불빛이 새어 나가 어미 신경을 거스를세라 블라인드로 빈틈없이 막고서야 잠자리에 들었다. 내 집에 와서 그 성스러운 일을 하는데 산바라지하는 친정 엄마만큼은 못 하더라도 그 정도 배려는 필요하지 않을까 싶었다.

검은 새 한 마리가 돌연히 둥지 근처에 날아들자 잠시 잔디밭에서 지렁이를 쪼고 있던 어미가 기겁하고 날아올랐다. 맹렬하게 공격한 끝에 침입자를 쫓아버리고서야 다시 알을 품었다. 자신의 산실이자 육아방이 될 둥지를 지키려는 어미의 몸부림은 필사적이었다. 어떤 동물 세계에서도 어미는 용감하고 강인하다는 걸 행동으로 보여준 것이리. 저녁을 먹다가 유리창 너머로 로빈의 눈과 마주쳤을 때 고스란히 비를 맞으며 앉아 있는 어미를 차마 바라볼 수가 없어 시선을 거두어들였다. 괜찮겠지. 어디선가 수컷이 지키고 있을 것이었다.

말로만 듣던 줄탁동시(啐啄同時), 그 가슴 떨리는 광경을 목격하다니. 줄탁(啐啄)은 새끼가 알에서 나오기 위해 어미와 새끼가 안과 밖에서 함께 알껍데기를 쪼는 일을 말한다. 아무리 간절한 줄탁(啐啄) 일지라도 그것이 동시(同時)에 이루어지지 않으면 소용이 없다. 인간 세상에서도 그렇다. 한쪽이 절실히 원하는 그때를 놓치지 않고 알아차려 호응하는 절묘한 타이밍, 그것은 지극한 사랑과 깊은 관심이 있어야 가능한 일이리라.

그렇게 껍데기를 깨고 나온 새들이 눈을 뜨더니 식욕이 왕성해졌다. 어미 아비의 헌신은 극진했다. 새끼 네 마리가 부리를 쩍쩍 벌리고 보챌 때마다 쉼 없이 먹이를 물고 와서 넣어주는 모습에 내 어머니 아버지 생각이 났다. 아마 저러셨으리라. 젖과 밥으로 표현되던 어머니의 사랑법으로 나의 삶이 성숙했다고 할 수 있을 만큼, 공들여 지은 따뜻한 밥 한 그릇은 내 어머니에게 절대적이었다.

희비와 고락을 함께하며 동행하는 게 부부라면, 자신에게서 탯줄을 끊고 분리되어 나온 생명체를 숙명처럼 끌어안고 사는 게 부모라는 존재다. 사람이 새와 다르다면, 마지막 숨을 쉴 때까지 보이지 않는 사랑이라는 탯줄로 연결된 관계라는 점이 아닐까. 부모자식 관계는 좋든 싫든 서로가 생명으로 존재하는 한 잠시도 놓을 수 없는, 어쩌면 본능만큼이나 질긴 끈 같은 것인지도 모른다.

나는 아기 새들이 커가는 과정을 오롯이 즐기다가도 언젠가는 떠나보내야 한다는 생각에 사로잡히고 만다. 만나면 헤어지는 이치를 모르는 바 아니지만 날개짓하는 녀석들 모습에 문득 이별을 예감하게 된다. 독립하려고 둥지를 떠나는 새들의 모진 듯하면서도 담백한 이별 방식이 마음을 건드린다. 아프지 않은 이별이 있겠는가. 자식의 홀로서기를 위해 기꺼이 보내는 것이니 어미 마음이 좀 덜 아프려는지.

오늘도 뒷마당에서는 둥지가 비좁을 정도로 몸집이 커진 어린 새들이 천진하게 먹이를 받아먹으며 날갯짓하느라 야단이다. 로빈과의 짧은 인연도 며칠 남지 않은 것 같다. 둥지에 온 마음을 주며 숨을 고르던 5월이 저문다. 빈 둥지 위로 봄 꽃잎 지는 저 소리, 나에게만 들리는 것일까.

누군가가 지켜본다

'이 페이지를 ○○년 ○○월 ○○일에 방문했습니다.'

인터넷 검색을 하다가 어느 제목 밑에 쓰인 이 문구를 보는 순간 오싹한 느낌이 들었다. 내가 그날 이걸 봤다고? 멀리 있는 남의 이야기인 줄 알던 공포를 턱밑에서 마주친 느낌이 이럴까. 내가 언제 무엇을 검색하여 읽었는지 어떤 동영상을 봤는지 지켜보는 눈이 내 집 안에 있었구나. 설마 지금도 그런 건 아닐까? 나는 아무도 보이지 않는 허공을 둘러보며 잠시 전율했다.

유명 인물이 아닌 극히 평범한 개인의 사생활마저도 조금만 소홀하면 적나라하게 드러나는 정보사회에 살고 있다. 내 자동차라는 극히 사적인 공간에 있었다 해도 어떤 경로로 언제 어디에 다녀왔는지 여실히 기록된다. 집 안팎에서 누구를 만났고 어디에서 무슨 사진을 찍었는지까지도 개인이 통제하지 않으면 더는 비밀이 아니다. SNS를 통해 자신의 사적 영역을 공개하고 싶어 하는 사람 숫자가 놀라운 속도로 늘어난다고 하지만, 자신의 세계를 가능한 한 노출하지 않고 살아가고자 하는 사람 숫자도 그 못지 않다.

집 밖으로 한 발짝만 나서면 그때부터 카메라가 밀착 미행하듯 행동 하나하나를 사방에서 촬영하여 기록하는 가공할 만한 세상이다. 억울한 사람을 변호하거나 잘잘못을 판단하고 시시비비를 가릴 때 유용하다는 순기능을 외면할 수도 없고, 사생활 공개에 초연할 수도 없는 딜레마는 위협적이다. 현대 사회 도처에 장착된 카메라의 눈은 조지 오웰의 소설 〈1984〉에 등장하는 통치자 빅 브라더의 눈을 연상하게 한다.

빅 브라더는 신비에 싸인 인물로, 실제 모습은 드러내지 않은 채 텔레스크린으로 국민을 감시하고 통제하는 독재자다. 직장에서도 집안에서도 텔레스크린이 미치지 못하는 영역은 없다. 시민들은 '빅 브라더가 당신을 지켜보고 있다'라는 말에 반복적으로 세뇌되어 매 순간 이를 상기하며 일상을 이어간다. 등장인물들은 일거수일투족을 감시당하여 마음속 생각마저 읽힐 것 같은 불안감에 자발적으로 자기 자신을 통제하기에 이른다. 책을 읽는 나에게도 그 불안감이 전이되어 오는 느낌이었다. 작가의 상상력에 불과하던 장치들이 채 한 세기가 안 되어 현대 사회에서 실체를 드러내는 현실에 온몸이 서늘했다.

오웰이 묘사한 국가에서는 장기 집권을 위한 수단으로 통치 세력이 '과거'를 지배하려는 시도가 끝없이 이어진다. 왜 과거인가. 그것은 과거의 기억과 기록에 관여함으로써 현재를 장악한다는 의미이고, 나아가 미래를 지배할 수 있다는 것을 암시하기 때문이다. 현대의 CCTV가 소설에서처럼 과거사의 기록을 조작하여 편집하거나 삭제하는 데 사용되지는 않는다 해도, 각 개인의 행동을 감시하거나 확인하고 통제한다는 점은 부인할 수 없다.

감시카메라가 행위나 음성, 인상착의뿐 아니라 표정에 드러나는 감정까지도 포착한다니 현대인 사이에 만연하는 원인 모를 불안이나 불신과도 무관하지 않을 것 같다. 현대판 빅 브라더 CCTV의 눈은 우리에게 어떤 의미일까. 등 뒤에서 유형무형의 렌즈알이 행동과 언어뿐 아니라 뇌에서 이루어지는 생각과 감정의 흐름마저도 지켜보고 있다면, 그런 날이 온다면. 개인의 무의식 세계를 기록하여 판매하는 상업 행위를 경계하는 뉴스를 조만간 보게 되는 건 아닌지.

고국의 가정집에도 CCTV가 늘어나는 추세나. 바쁜 자식들이 홀로 된 노부나 노모를 자주 찾아갈 수는 없고 혹시 불상사가 일어났을 때 신속하게 대처하기 위해 독거노인 집에 감시카메라를 설치한다는 것이다. 먼 나라 일처럼 여기던 CCTV로 인한 막연한 슬픔이 나의 현실이 되고 말았다. 고국에 홀로 계신 친정어머니가 화장실에 가시다가 주저앉는 일이 일어났다. 다행히 다치지는 않았지만, 또 그러지 않으리라는 보장이 없자 불안한 나머지 CCTV를 설치하자는 의견이 제기되었고, 놀랍게도 엄마가 동의하셨다고 했다.

잠깐 감시당하는 것도 못 견뎌 하는 나를 생각하면 죄의식과 비애를 동시에 느끼면서도 엄마를 멀리서 지켜볼 수밖에 없는 딸이라는 생각에 마음만 갑갑했다. 엄마의 꼿꼿한 성정을 떠올리면 그건 믿기 어려운 결정이었다. 쓰러져서 방치되는 것보다는 사생활이 노출되는 걸 택하신 모양이었다. 왜 엄마에게는 CCTV를 다느냐 마느냐 하는 두 가지 선택지뿐일까. 다른 대안은 없는지. 몸의 안전을 위한다는 편의를 위해 하나의 인격체로 존중받을 욕구마저 내려놓아야 하는 것인지. 아흔다섯, 삶의 끝자락에서 엄마는 무엇을, 얼마나, 더, 포기하고 체념해야 하는 것일까.

한집에서 같이 사는 가족이라도 최소한의 공간에서 행해지는 사생활은 존중되어야 한다. 개인의 방이라면 방문을 열기 전에 노크하여 허락된 순간에만 공간을 공유하는 게 예의다. 부부 사이나 부모와 자식 간이라 해도 아무 방해 없이 혼자 무엇인가를 할 수 있는 시간과 공간은 있어야 하지 않겠는가. 집안에서 인터넷 세상을 유영하며 궁금한 것들을 찾아보다가 어제 읽은 책 내용을 떠올린다. 설마 지금 누군가가 내 손끝을, 내 표정을, 내 눈빛을, 내 심장과 뇌마저 들여다보고 있는 것은 아닌지.

아름다울 때는

소박한 아름다움으로 기쁨을 주던 나팔꽃이 이울다 지쳐 며칠 사이에 무더기로 떨어져 내렸다. 기온이 내려가는 것도 모자라는지 하루가 멀다고 스산한 비가 내려 나팔꽃 씨방이 마를 날이 없었다. 씨방이 뭔가, 다음 해의 희망 아닌가. 대를 이을 씨를 품은 씨방이 바싹 말라야 할 텐데 젖는 것을 볼 때면 마음이 편치 않았다. 게다가 갑자기 기온이 곤두박질치며 새벽엔 무서리까지 내렸다.

겨우 아침 시간을 살던 나팔꽃이 쭉정이가 되어 맥없이 흔들리는 모습에, 뜨겁게 지나간 나의 여름 끝물을 보는 듯했다. 젖은 꽃 사이에 얼굴을 숨긴 여문 씨방이 안쓰러워 몇 개를 땄다. 햇빛이 날 때만 밖에 내놓고 새벽에는 서리를 피해 집안에 두면 썩지 않고 잘 마를 것 같았다. 내 정성이 통했는지, 미리 거둬들인 씨방은 잘 구운 커피 알맹이 색깔처럼 믿음직스럽게 말랐다. 거기까지 했으면 좋았을 텐데, 비에 젖는 다른 씨앗들이 아깝고 마음이 쓰여서 자비를 베푸는 심정으로 씨방을 욕심껏 거둬들였다.

집안에서 말린 씨앗에서 꽃이 필 시간을 상상하며, 내 머릿속은 사계절을 건너뛰어 어느새 다음 해 여름에 이르러 있었다. 무지와 욕심의 소산인 줄도 모르고 오감을 동원하여 한여름 나팔꽃을 그려 보는 것으로, 내가 거둔 씨앗들이 펼칠 보이지 않는 미래의 환희를 손 내밀어 잡으려 했다.

하늘이 맑아졌다. 비바람을 견딘 뒷마당 씨방들이 가을 햇볕에 바싹 말라 끝이 조금씩 벌어졌다. 살짝 건드렸을 뿐인데 까만 씨앗이 손바닥에 또르르 굴러내렸다. 때가 차서 단단하게 여문 씨앗을 생산한 씨방은 여봐란듯이 도도했다. 보름 전에 미리 따서 집안에서 말린 씨앗을 꺼낼 때만 해도, 나도 그에 못지않게 당당한 미소를 지었다. 그런데 이게 어찌 된 일인가. 두 씨앗은 달라도 많이 달랐다. 색깔도 모양새도, 단단함마저도.

나의 씨앗이라 이름 붙인 것들도 당차게 세상을 열 것 같았는데 자연스러움이 뿜어내는 여유 앞에서는 어쩔 수 없는지 못나고 주눅이 들어 보였다. 일을 망치고도 자비를 베풀었다고 여겼으니. 때를 알고 기다릴 줄 아는 지혜가 부족했던 것도 모르고, 섣부른 판단을 하면서도 어찌 그리 용감할 수 있었을까.

재작년이었다. 앞마당 장미는 요염한 자태를 드러낸 지 오래됐는데 뒷마당 장미는 꽃을 올릴 기미를 보이지 않았다. 나뭇가지를 꺾어보니 똑 소리가 나며 부러졌다. 죽었구나. 물을 올리지 못하니 생명이 빠져나간 게 분명했다. 뭐가 잘못이었을까. 짚이는 게 하나 있었다. 겨울 혹한에 기온이 밤에 섭씨 영하 20도까지 내려간다는 예보를 듣고 여린 줄기로 버틸 수 있을지 걱정이 됐다. 생각다 못해 줄기를 비닐로 싸매주었는데 그게 화근이었나 보았다.

옆에 있는 무궁화나무도 비닐봉지 속에서 겨울을 났는데, 다시 볼 수 있을지. 저 스스로 이겨내야 살아남을 수 있다는 자연의 질서를 거슬러서 얻은 게 대체 무엇인가. 나의 무지한 잣대를 식물에 들이대는 바람에 멀쩡히 살아남을 수 있는 생명을 내 손으로 꺾었다. 몰랐다는 건 핑계가 되지 못한다는 생각에 후회와 자책이 이어졌다.

살면서 섣부른 판단을 한 게 이번만일까. 나는 무엇을 믿고 이역만리에 짐을 풀었을까로 시작한 생각은, 결국 노경의 삶에까지 이르렀다. 겁 없이 시작한 이민 생활. 어느 방향으로 벋어나갈지도 모르면서 타국에서 무턱대고 싹을 틔웠다. 마흔 중반에 이민 오면서부터 글을 쓰기 시작했다. 늦게 시작한 만큼 까치발 들어 고개를 늘여가며 햇볕 한 줌이라도 더 받으려 애를 썼고, 대단치 않은 열매를 키우며 오늘까지 왔다. 그런데 열심과 열정이 다는 아닐지도 모른다는 의문이 뒤늦게서야 든 거였다.

땅만 보고 부지런히 걷다가 이제야 하늘을 보고 숲을 보는 여유를 갖는다. 삶의 여정에서는 때로 가만히 앉아 눈 감고 생각 없이 쉬어

가는 일도 필요하다. 눈을 뜨고 보면 눈앞의 풍경만 보이지만, 눈을 감고 보면 시공간을 초월해 멀리까지 볼 수 있다. 길섶의 들꽃 이야기와 흐르는 물소리에 귀 기울이며 '놀멍 쉬멍' 걸었더라면, 가끔 눈을 감고 시야를 넓히며 걸었더라면, 글에서도 삶에서도 좀 더 깊은 향 나는 꽃과 열매를 얻었을지 모른다.

인간의 시간이 아니라 자연의 시간에 맞춰서 걷기로 하자. 쉬엄쉬엄 걷는 일이 느리기는 해도 늦는 건 아니다. 뛰느라 놓친 소중한 것들을 잊지 말자며, 조급해지려는 자신을 다독인다. 충분히 기다리고 스스로 무르익었을 때 쏟아낸 씨앗이 아름다운 꽃을 피운다. 시간을 극복한 자만이 누리는 당당함, 그 경이로움은 저절로 얻어지는 게 아니다. 아무리 안쓰러워도 혼자 이겨낼 수 있도록 곁을 지키고, 간절히 원하더라도 무심한 척 때가 차기를 기다리는 일은 인내를 너머 사랑이다. 가장 아름다울 때는 가장 자연스러울 때라는 말을 가슴에 새긴다.

오래된 시간

손자들 다녀간 집안이 휑하게 느껴진다. 구석구석에 꼬마들이 뛰어놀던 잔영으로 출렁인다. 손자 두 녀석이 집에서만 머리를 깎다가 처음으로 미장원에 가서 이발하고 오는 길이라며, 며느리와 내가 점심 준비하는 동안 아들은 아이들 목욕부터 시켰다. 목욕이라기보다는 욕조에 들어앉아 물놀이하는 것처럼 장난치고 노는 시간이었다. 플라스틱 컵 몇 개로도 형제가 한동안 재미있게 놀았다. 저러다 보면 자연스레 목욕하는 습관이 들겠구나.

그때가 언제였나 싶게 멀리 가버렸다. 내가 아이를 키우던 시절에 나는 목욕이 놀이가 될 수 있다는 생각을 못 했다. 늘 허둥거리며 씻기기만 해서 아이가 목욕하며 재미있어하던 기억은 별로 없다. 목욕은 몸을 청결히 하는 일이었을 뿐 놀이 삼아 물을 갖고 같이 놀아줄 만큼 시간의 여유도 없었고 심리적으로도 여유롭지 못했다. 퇴근 후에 집안일은 대충 하더라도 아이와 많이 놀아줄 것을, 뒤늦은 후

회로 쓸쓸함이 밀려온다.

그 당시 남편은 회사 일에 매여 있어 주중에는 밤 열두 시가 넘어 퇴근하기 일쑤였고 쉬는 날은 이 주일에 한 번, 그러니까 한 달에 이틀만 휴일이었다. 밀린 잠을 자고 쉬면서 휴일 하루를 보내고, 하루는 나들이 삼아 아이 데리고 어린이대공원에 가는 게 아빠로서 할 수 있는 최선이었다. 그는 커다란 기저귀 가방과 분유통, 온수병 같은 것들을 잔뜩 매달고 기우뚱거리는 유모차를 밀며 지하철을 타러 가면서도 세상을 얻은 듯한 기쁜 얼굴이었고, 그 하루치의 기쁨으로 우리는 한 달 치의 고단함을 잊을 수 있었다.

아들이 중학교 졸업하던 해에 남편과 나는 직장에 사표를 내고 캐나다 이민 길에 올랐다. 가족의 의미를 얼마나 생각한 끝에 내린 결정이었는지는 잘 모르겠다. 하지만 이곳에 와서 아들이 고등학교 졸업할 때까지 몇 년 남짓 남편은 그동안 못했던 아빠 역할에 충실하며 즐기는 듯했다. 다행히 남편도 아들도 5년 남짓한 그 시기를 인생의 가장 행복했던 때로 꼽았다. 한 식탁에서 같이 밥 먹고 같이 이야기하고 잔디 깎고 눈 치우며 가족이 시간을 함께한다는 그 평범한 일상만으로도 감동하며 감사하던 시간이었다.

가끔 아들의 어린 시절 이야기가 화세에 오르면 남편 얼굴은 열적은 표정이 되었다. 회사 일을 말할 때는 자긍심으로 얼굴에 혈색이 돌았지만, 어릴 적 아들과 같이 지냈어야 할 시간은 공백으로 남아 있으니 할 말을 찾기 어려운가 보았다. 누구보다 열심히 산 그 시대의 평범한 아버지 모습이 더 작아지기 전에 화제를 바꾸는 게 내가 할 수 있는 전부였다.

아들은 요즘 젊은 아빠답게 아이들과 더할 수 없이 친밀하게 지낸다. 아들이 축구 경기 중 다리를 크게 다친 일이 있었다. 그 바람에 두어 달 회사를 쉬며 집에 있어야 했고 자연스럽게 아이들과 많은 시간을 보내면서, 엄마 품만 찾던 아이들이 달라진 거였다. 나쁜 일에도 좋은 점은 있다는 말을 위로 삼아 보낸 기간이었다. 아들이 지금 제 아버지 나이쯤 되면 아이들과 함께 지내던 시간을 어떻게 기억할까. 지금이야 연년생 아들 둘을 키우느라 분주하고 고단해도, 노년에 이르면 이때를 삶에서 가장 빛나는 시기였다고 추억하지 않을까.

시대가 변하여, 직업적인 일을 하는 것보다 아이들과 놀아주는 아버지 모습이 당연한 이미지가 되어버린 요즈음이다. 예전과는 달리 권위적인 자리에서 내려와 옆에서 친구처럼 놀아주는 다정한 아빠들. 존경이나 근엄함이란 단어 대신에 친근함이나 다정함을 선택한 젊은 아빠들이다.

내가 자라던 시대에는 아버지라는 이름만 들어도 뭉근한 아픔이나 연민을 느꼈는데, 친구 같은 다정다감한 아빠를 둔 이 시대의 아이들은 어른이 된 후 아빠라는 단어에서 어떤 감정을 느낄까. 옛날

아버지들이 혹한의 추위에 알을 품고 새끼를 돌보며 묵묵히 희생하는 황제펭귄 같았다면, 요즘 아빠들은 새끼들과 장난치고 친근하게 놀아주는 침팬지를 닮았다고 해야 할지.

시대적 상황을 배제하기 어렵겠지만 대물림 되어온 아버지 역할을 되돌아보면 세월의 간극을 의식하지 않을 수 없다. 과묵하면서도 정이 깊던 나의 아버지와 자상하던 시아버지, 오밤중에 퇴근해도 잠든 아이를 품에 안아본 후에야 잠자리에 들던 남편, 퇴근 후 지친 몸으로 집에 돌아와서도 아이들과 놀아주기 바쁜 아들. 삼 대에 걸친 부성이 시곗바늘을 멈추어 놓았는지 며느리가 특별식으로 점심상을 차려놓고 기다리는 데도 기척이 없어 욕실 가까이 다가가 본다. 아직도 물놀이가 한창이다.

조심스레 욕실 문을 열다가 마주친, 아이들을 지켜보는 아들의 반쯤 감긴 눈이 어디서 많이 본 듯 익숙하다. 야간 근무를 마치고 퇴근한 남편이 아기 우유를 먹이던 밤, 어둠 속 그의 실루엣은 졸음을 못 이겨 꾸벅거리다가 우유병을 놓치곤 했다. 그의 잠을 깨울세라 숨죽여 지켜보던 오래된 시간이, 아빠가 된 내 아들 어깨 위에 내려앉아 졸고 있다. 나는 가만히 욕실 문을 닫고 돌아선다. 부엌에 내려오니 고단한 남편을 품을 줄 아는 넉넉한 품성의 며느리가 말없이 기다린다. 그녀 어깨에 얹힌 소박한 햇빛이 평화롭다.

머리카락 때문

차에 시동을 걸고 기다리고 있을 남편 얼굴이 떠올라 마음이 허둥거렸다. 차 공회전시키는 걸 유난히 싫어하는 사람이다. 신발을 신으려는데 현관 바닥에 떨어진 머리카락이 보였다. 얼른 부엌 쓰레기통에 갖다 버리고 돌아섰다. 하필이면 그때 부엌 과일바구니에 든 사과 한 귀퉁이에 갈색 반점이 생긴 게 눈에 들어왔다. 병든 것을 멀쩡한 것과 한곳에 두면 안 될 것 같아 일단 꺼내 놓고 허겁지겁 나가다가 남편을 현관에서 마주쳤다.

눈길을 잡히니 하마터면 이실직고할 뻔했다. 막 나오려는데 물병을 잊고 나와 다시 들어갔노라고 둘러댔다. 됐으니 어서 타라고 하는 음성이 의외로 부드러웠다. 의아해서 바라보는 내 마음을 읽었는지 그는 웃으며 한마디 덧붙였다.

"난 또, 머리카락 줍고 있는 줄 알았지." 오래 같이 살다 보면 없던 눈치도 생기는가 싶어 나도 씽끗 웃어줬다.

대개는 나이 들면서 머리숱이 적어져서 고민이라는데 나는 너무 많아서 오히려 쳐내야 했다. 숱이 많으면 염색할 때도 커트할 때도 품이 많이 들고 염색약도 많이 든다고, 미용사가 농담처럼 말했다. 그럴 수도 있겠구나 싶어 숱이 많은 게 미안했다. 계산하면서 나도 농담처럼, 머리숱이 많아서라며 5불을 더 냈다. 괜찮다고, 그냥 해 본 말이라며 그녀가 되돌려주는 상상을 잠시 했던가. 안 받겠다고 해도 팁에 얹어서 놓고 나와야지 생각했는데, 반색하며 어머 감사합니다, 하고 받는 게 아닌가. 미용사의 해맑은 웃음에 나는 멋쩍은 웃음으로 답하고 서둘러 미용실을 빠져나왔다.

"언니는 머리숱이 많아서 좋으시겠어요."

가끔 들으면서도 기분 좋으라는 립 서비스로 알았는데, 무심히 넘길 말이 아니라 잘 새겨들어야 할 말이었다.

그러던 내 머리카락이 빠지기 시작했다. 바닥에 쪼그려 앉아 시도 때도 없이 떨어지는 머리카락을 집을 때면 속도 상하지만 괜히 민망했다. 평소에 건강 관리를 못한 주인이 원망스럽지 않을까. 머리카락의 원망스러움과 나의 민망함을 주워 올리며 나는 황량한 벌판에 홀로 서 있는 듯 허허로웠다. 산다는 건, 어쩌면 이렇게 쓸쓸한 일일 수도 있겠구나.

언제 왔는지 등 뒤에서 남편이 그런 내 모습을 우두커니 내려다보고 있었다. 무심코 돌아보다 마주친 그의 눈빛. 쓸쓸한 노년을 말없이 견디고 있는 순한 초식동물 같은 눈빛이었다. 그러지 않던 이였다. 사람 사는 집에 머리카락이 떨어졌을 수도 있지. 그걸 하나하나 일삼아 줍는다고 타박하던 사람이 저리 바뀐 것이다. 어쩌다 보니 우리는 서로를 측은해하는 사이가 되었고, 남편은 자기 아내가 뭉텅뭉텅 머리카락을 잃을 정도로 독한 약이 필요한 시기를 같이 견디고 있었다.

노인 소리를 들을 만큼 살았으면 어떤 궂은일을 겪어도 초연할 줄 알았는데 그것도 아닌가 보았다. 투병하는 기간이 길어지다 보니 호기롭던 마음은 다 어딜 갔는지 때로 갈팡질팡하는 모습이 스스로 초라하게 느껴졌다. 이러다가 마음의 평정을 잃으면 주저앉아 못 일어날 수도 있겠구나 싶어 겁이 났다. 나보다 더 간절한 마음으로 보살피는 그의 모습에 혼자가 아니라는 안도감을 느꼈고 좌절을 딛고 일어설 수 있는 용기를 얻었다.

날씨가 더워지면서 우리 부부는 따로 잠을 잤다. 나는 위층에서 자고, 찬 걸 싫어하는 나 때문에 에어컨을 못 켜는 남편은 그나마 시원한 아래층에 잠자리를 마련했다. 자다가 목이 말라서 깼다. 불을 켜면 잠이 멀리 달아날 것 같아 어둠 속에 더듬거려서 물을 마시고 다시 누우려다가, 머리를 침대 머리에 호되게 부딪혔다. 나무로 지은 집이라 그랬는지 소리를 흡수할 머리카락이 적어서 그랬는지 한밤중에 침대를 울린 소리는 요란했다.

세상은 어둠 속에 잠들고 소리만 깨어 있던 것처럼 컸지만, 다행히 소리만큼 아프지는 않았다. 아래층에서 자던 남편이 내 머리가 냈던 쿵 소리보다 더 큰 소리를 내며 계단을 올라오고 있었다. '잠은 다 잤구나. 예전처럼 머리숱만 많았더라도 소리가 덜 났을 텐데.' 울고 싶은데 자꾸 헛웃음이 나왔다.

남편이 내려가자마자 불빛이 있던 자리에 다시 어둠의 고요가 들어섰다. 낮에 흘린 땀을 닦아주는 밤. 낮에 활동하던 이성과 감성을 모두 걷어들이고 적요를 몸으로 느끼며 잠을 부르는 시간이다. 잠잘 시간을 놓치면 새벽녘까지 뒤척일 테니 어서 자야겠다. '조용한' 마음으로 잠을 충분히 자면 우리 몸은 가만 내버려두어도 스스로 치유하고 정신을 맑게 하는 자정 능력이 있다고 한다. 한번 균형 잃은 건강을 회복하는 과정이 만만치는 않아도, 모든 것을 갖춘 젊음에서는 갖기 어려운 평정심이 내 나이에 들어있다는 게 그나마 위안이 된다.

희미한 소리가 들리는 것 같아 귀를 세운다. 아래층에서 올라오는 소리다. 남편이 내려가서 자는 줄 알았는데 나 때문에 다시 잠들지 못하는 것 같아 살금살금 내려간다. TV를 켜 놓은 채 잠든 그의 손에서 리모컨을 살그머니 빼낸다. 그가 흠칫 놀라며 잠시 눈을 뜨는 듯하더니 다시 감는다. 얇은 모포로 배를 덮어주고 돌아서려는데 그의 입가에 보일 듯 말 듯 엷은 미소가 어린다. 잠결에 어머니 손길을 느낀 어린 아들의 평화로운 얼굴이 저러할까. 내 마음도 비로소 평온하다.

당신은 누구시길래

"언젠가 어디선가 한번은 본 듯한 얼굴, 가슴속에 항상 혼자 그려 보던 그 모습, 단 한 번 눈길에 부서진 내 영혼…."

밖에는 눈이 쏟아진다. 나는 음악이 흐르는 방에서 우연히 발견한 젊은 날의 낡은 노트에 적힌 가사를 음미한다. 이 노래 속의 '한번은 본 듯한 얼굴'은 당시 내게 어떤 존재였을까. 기억 속의 점 하나를 꺼내면 부피가 커지고 생기가 돈다. 눈을 떴을 때는 보이지 않던 것들이 눈을 감으면 나타난다. 아릿한 기억을 더듬어 가 닿아서 이른 곳, 거기에 그가 있고 그의 노래가 있다.

"당신은 누구시길래 이렇게, 내 마음 깊은 거기에 찾아와, 어느새 촛불 하나 이렇게 밝혀 놓으셨나요…."

송창식 노래 '사랑이야'가 어둠을 타고 가슴을 적시듯 스며든다. 그가 노래를 시작하면 첫 소절만 들어도 심장 박동이 빨라지던 기억이 아련하다. 그가 노래한 '당신'은 내 의식에 자리 잡은 막연한 연인이었고 어쩌면 내 마음에 간직하던 미래의 나 자신이었을 수도 있다. 고민 많고 번민 많던 청춘은 이 음악을 들으며 스물 무렵을 지난다.

돌이켜 생각하면 그때가 한창 젊음이라는 사치를 누릴 때였고 삶에 대해 응석을 부린 것도 같지만, 세상 모든 고민을 혼자 짊어진 양 진지하게 생각하던 시절이기도 하다. 집에는 가족이 공동으로 사용하는 전화밖에 없던 시절이어서 나는 매일 만나던 친구와 방학이면 손으로 쓴 편지를 주고받으며 마음을 나눈다. 일주일이 멀다 하고 빨간 우체통에 우리의 우정이 드나든다. 나는 이 노래를 들으면 가슴이 두근거리고 입이 마른다고, 내가 왜 그런지 모르겠다고 편지지에 고백한다.

"당신은 누구시길래… 당신이 피워놓으신 불처럼, 밤이면 밤마다 이렇게 타오를 수 있나요…."

가슴속에 홀로 타오르는, 당신이 피워놓은 불꽃은 강렬하다. 꿈 많던 문학소녀 시절, 밖으로 꺼내기 전에는 끌 수 없는 무엇인가가 온 마음을 태웠고 나는 그것을 일기와 편지에 털어놓음으로써 허튼 위로라도 받고 싶어 한다. 책을 읽을 때도, 이름 없는 당신을 부르며 일기를 쓸 때도, 우체통에 들어갈 편지를 쓸 때도, 나만의 공간이 절실하다. 혼자 있고 싶던 나는 자기만의 방을 가지라고 하던 버지니아 울프를 나의 우상으로 여기며 부서지기 쉬운 영혼을 보듬어 안는다. 나만의 공간에서 읽고 쓴 것들이 친구에게 가 닿으면 그동안의 고뇌나 번민도 함께 사라진다는 우정의 마법을 배우며 젊음의 다리를 건넌다.

눈보라가 세차게 날리는 밤이다. 노래 때문인지 날씨 때문인지 오래전에 읽은 〈폭풍의 언덕〉에서 캐서린과 히스클리프의 사랑이 방아쇠를 당긴 것처럼 튀어나와 가슴을 흔들며 어지럽힌다. 고통도 사랑처럼 마음 깊은 곳에 찾아와 불을 지펴 놓고 달아난다. 한번 붙은 불꽃은 자기 힘이 소진될 때까지 타오른다. 살면서 한 번쯤 고통을 겪지 않는 사람 없겠지만, 고통이란 밖으로 꺼내기 전에는 끌 수 없는 뜨거운 불덩이다. 캐서린이 죽던 날 밤, 그녀의 집 정원에서 절규하던 히스클리프의 목소리가 눈발에 섞여 울리는 것만 같다. 견딜 수가 없으니 함께 있어 달라고. 캐서린을 볼 수 없는 지옥 같은 세상에 자기를 버리지만 말아 달라고. 자기 생명이고 영혼인 캐서린 없이는 살 수 없다고 울부짖었다. 그는 그날의 절규처럼 그녀가 부재하는 얼어붙은 삶을 고스란히 홀로 살아내야 했다.

십 대의 나는 히스클리프가 자신의 모든 것을 태우는 과정을 무기력한 두려움으로 바라보았다. 그의 왜곡된 사랑은 뿌리 깊은 고통이었고 그는 사랑과 복수로 자신의 삶 전체를 태워 버린 남자였다. 그는 그 차갑고도 부드러운 검은 손으로 젊은이들을 어루만졌고 젊은 심장들은 사랑이라는 이름만으로도 아파했다. 당신은 누구시길래, 당신은 사랑이고 고통이며 욕망이었다. 사춘기를 겪던 나는 그 작품을 읽으며, 읽기 전과는 전혀 다른 정신세계를 경험했다. 사랑이 얼마나 파괴적일 수 있는지, 일그러진 욕망이 얼마나 집요하고 무서울 수 있는지. 중년에 이르러 다시 읽을 때는 한 걸음 물러서서 아픔을 바라볼 수 있었지만, 그래서인지 그때처럼 그와 그녀에게 감정 이입하여 절절히 공감하지는 못했다. 한 존재의 고유한 내적 파동과 깊숙이 은신한 사랑과 아물지 않은 상처, 흔들리는 영혼의 고뇌와 막연한 두려움 같은 것까지 감지할 수 있을 때 비로소 나는 그가 되고 그녀가 되는 것인지도 모른다.

"언젠가 어느 곳에선가 한번은 올 것 같던 순간, 가슴 속에 항상 혼자 예감하던 그 순간…."

눈발은 미친 듯이 퍼붓고 노래는 마지막 소절에 이른다. 젊은 시절은 너무 멀리 가 있고 마음 흔들던 그때의 뜨겁던 감성도 더는 뜨겁지 않다. 당신이 피워놓아 밤이면 밤마다 타오르던 불꽃도 사그라졌다. 이제 내게 남은 것은 무엇일까. 한번은 올 것 같던 순간은, 가슴 속에 항상 혼자 예감하던 그 순간은, 나도 모르는 사이에 나를 다녀간 것일까.

당신도 하루하루 빛나는 존재였음을

현관문을 열고 엄마를 부르는 내 목소리가 나도 모르게 들떠 있다. 오랜만에 친정 나들이하는 딸이 들어서자 부랴부랴 마중 나온 엄마를 반갑게 부둥켜안으려는 순간, 내 시선은 엄마 옷에 묶여버린다. 엄마는 어디서 많이 본 듯한, 바람만 불어도 흩어질 만큼 낡은 스웨터를 입고 있다. 벌써 이십 년도 더 전에 내가 입던 것이다.

옷이 없는 것도 아닌데 왜 그렇게 헌 옷을 입느냐고, 나는 마음에도 없는 타박을 하고 만다. 그런데도 엄마는, "우리 딸이 왔구나…." 하며 가만히 나를 끌어안는다. 목소리에 힘이 없고 더 왜소해진 엄마 모습에 가슴이 철렁한다. 한 해가 다르게 확연히 드러나는 노쇠한 모습을 못 본 척 허둥거리며 안으로 들어선다.

다음 날 아침 늦게 눈을 뜨니 내 머리맡에 앉은 엄마 얼굴이 보인다. "엄마!" 나는 몽롱한 눈빛으로 엄마를 불러본다. "고단하지… 좀 더 자거라." 긴 비행 끝에 도착해서 고단하다는 것인지 타국에서의 삶이 그렇다는 것인지 몰라도 목소리가 평온하다. 엄마가 입은 옷이 바뀐 걸 보고 회심의 미소를 지으며 일어나 거실로 나간 내 앞에 나타난 것은, 빨래 건조대에 널린 엄마가 어제 입었던 그 스웨터였다. 내가 잠든 사이에 저걸 빨았구나. 그런 뜻이 아니었는데, 좋은 옷 새 옷 아껴두지 말고 입으시라는 거였는데.

건조대에는 오래전에 내 몸을 떠나 엄마 몸으로 건너간 낡은 스웨터 하나만 덩그러니 걸려있다. 지나간 세월이 올 풀린 틈새로 나에게 손짓하는 듯하다. 뒤돌아보지 말고 어서 네가 할 일 하라는 손짓 같기도 하고, 잠시 멈추고 가까이 오라는 손짓 같기도 하다. 곁에 다가가 코를 흠흠 거리자 손빨래를 한 듯 옅은 이끼 냄새가 난다. 코끝이 시큰하다.

아무 영문도 모르고 거실로 나오는 엄마를 슬며시 끌어안자, 내 품에 쏙 들어올 만큼 작다. 얘가 왜 이러냐면서도 엄마는 내게 몸을 맡긴 채 한참을 그대로 계신다. 이 순간이 멈출 수는 없는가. 한 손가락으로 건드려도 넘어질 정도로 힘없이 작아진 엄마, 나는 어디에 있다가 이제야 온 걸까. 까마득한 시간 너머로 사라진 오래된 기억을 불러본다. 날씬하고 키 큰 여인이 내 마음속으로 걸어들어온다. 또각또각, 구두 소리가 사뭇 당당하다.

엄마는 늘 한복을 입었다. 하얀 고무신은 쉴 새 없이 부엌을 들락거렸고 그럴 때마다 치맛단 밑으로 하얀 버선목이 보였다. 그러던 엄마가 학교에 오셨다. 여고 1학년 때였다. 점심 먹고 나무 그늘에 친구들과 앉아 있는데 한 여인이 양산을 들고 교문을 들어서는 게 보였다. 눈이 부셨다. 재잘거리던 우리는 일제히 숨을 멈춘 듯 조용했다. 밝은 연회색 정장에 타는 듯한 진달래 빛 블라우스를 받쳐입은 호리호리한 몸매가 하얀 헝겊 양산 밑에 숨어있었다.

어딘가 낯이 익었지만, 그럴 리가 없었다. 양장이 아닌 한복을 입고, 또각거리는 구두가 아닌 조용한 고무신을 신어야 우리 엄마였다. 분명히 우리 엄마가 아닌데도 그녀가 한 걸음씩 가까이 올 때마다 내 심장이 쿵쾅거렸다. 엄마? 하며 나는 고개를 갸우뚱했고 그 순간 아이들 시선은 약속이나 한 듯 내게 쏠렸다. 긴가민가하여 나는 엄마를 소리 내어 부르지 못했고, 다행히도 그때 수업 시작종이 울렸다.

집에 들어서자마자 엄마한테 달려갔다. 그럼 그렇지. 엄마는 늘 입던 한복 차림이었다. 담임 선생님과 무슨 얘기를 했는지보다는 낮에 본 낯선 엄마 모습이 궁금하여 질문을 퍼붓는 내게, 엄마는 숨이나 돌리고 말하라며 뜸을 들였다. 새로 장만한 양장을 그날 입으려고 아껴뒀던 것. 고아한 자태로 교정을 걷던 여인의 놀라운 변신은 기쁘다기보다는 왠지 서운한 충격이었다. 내가 알던 엄마가 아닌, 엄마라는 여자에 관해 생각하느라 나는 그날 밤 잠을 이룰 수가 없었다. 지금 내 앞에 선 자그마한 할머니가 그날의 젊은 엄마였다니.

같이 늙어가는 엄마와 딸의 이별이 어찌 서럽지 않을까. 괜찮은 척 서로 먼 허공을 바라보는 모녀는 누구도 먼저 입을 열지 못한다. 딸이 탄 차를 하염없이 바라보는 허리 굽은 엄마 모습이 멀어지다 멀어지다 보이지 않게 되자, 그때야 눈물이 와락 터진다. 엄마도 등을 돌리는 순간 나처럼, 아니 나보다 더 깊은 울음을 소리 없이 토해낼 것이다. 보이지 않는 눈물이 더 슬프고 아프던데. 딸의 온기만 남은 빈집이 얼마나 휑하고 크게 느껴질까.

눈물 바람을 하며 헤어져 캐나다 내 집에 돌아와 엄마를 생각한다. 내 옷을 볼 때마다 내가 옆에 있는 것 같다던 엄마는, 다시 꿈속인 듯 멀리 있다. 나는 벽에 기대어 앉아 눈을 감고 기억을 더듬어 올라간다. 그리운 장면도, 잊고 싶지 않은 장면도, 감은 눈 속에 있다. 그 중 한 컷에 엄마의 곱디고운 얼굴이 들어있고, 흰 양산에 가려진 화사한 옷이 있고, 숭고한 하얀 고무신이 있다. 몸 안의 모든 것이 색채를 지니고 생동했을 한 여성으로서도, 흰 헝겊 양산 아래 가만가만 흔들렸을 중년의 엄마로서도 무지갯빛 꿈이 있었으련마는. 지금의 나보다 한참 젊은 그날의 엄마는 이제 먼 기억 속에 아릿한 환영으로나 존재할 따름이다.

눈 시린 봄날 꽃이 피었다 지듯이, 눈부신 젊음도 그렇게 잠시 머물다 간다. 그 한때가 찬란한 시간이었음을 빛이 사위고 나서야 깨닫는다. 당신과 나도 그 빛 속에 하루하루 소중한 존재였음을, 붉게 물든 노을 자락에서 꺼내어 읽는다.

김영수 수필집

문 門